D1640672

Chancen in Bonn/Rhein-Sieg I

Attraktive Bildungsangebote von
Institutionen / Ausbildungsbetrieben / Akademien+Fachschulen / Hochschulen

& Messehandbuch für die vocatium Bonn/Rhein-Sieg I 2019

Weitere Informationen über die Anbieter
in der Online-Suchbörse auf
www.erfolg-im-beruf.de

Chancen in Bonn/Rhein-Sieg I
©IfT Institut für Talententwicklung GmbH
www.erfolg-im-beruf.de
Redaktion: Eva Zschäbitz
Titelgestaltung: Julia Bruhn
Fotonachweis Seite 1: Bundesstadt Bonn / Michael Sondermann
Weitere Fotos: Pressebilder und Archivbilder der
Institutionen / Firmen / Hochschulen

ISBN 978-3-944942-06-3
5., überarb. Auflage – Februar 2019
Druckauflage: 2.500 Exemplare
Druck und Bindung: Silber Druck oHG · Niestetal

vocatium

Fachmesse für Ausbildung+Studium

vocatium Bonn/Rhein-Sieg I 2019
14. Mai 2019

in der
Stadthalle Bonn-Bad Godesberg
Koblenzer Straße 80
53177 Bonn

Öffnungszeit:
08.30 – 14.45 Uhr

Der Eintritt ist frei!

Veranstalter:
IfT Institut für Talententwicklung GmbH, Berlin

Kooperationspartner:
Deutsche Gesellschaft e. V.

Organisation / Durchführung:
IfT Institut für Talententwicklung West GmbH
Siegfriedstraße 2
53179 Bonn
Tel.: 0228 93799047
Ansprechpartnerin: Mareike Wolf
E-Mail: mareike.wolf@if-talent.de

Terminabsagen bitte bis 9. Mai 2019 per E-Mail an:
mareike.wolf@if-talent.de

Inhalt

4

Liebe Leser*innen des vocatium-Messehandbuchs,

das IfT Institut für Talententwicklung ist für die Verwendung geschlechtergerechter Sprache sensibilisiert. Um der Diversität der Geschlechter gerecht zu werden, wird in den Texten dieses Buchs deshalb der Genderstern verwendet. Sollte die geschlechtergerechte Sprache an der einen oder anderen Stelle nicht präzise formuliert worden sein, bitten wir zu berücksichtigen, dass dennoch alle Geschlechter mit den entsprechenden Formulierungen angesprochen werden.

Für die inhaltliche und sprachliche Gestaltung der einzelnen Anzeigen sind die jeweiligen Aussteller verantwortlich.

vocatium2go

Deine Vorbereitung auf die Messe als Game für Smartphone und PC

Kostenlos im Google Play & App Store!
Mehr Infos unter www.erfolg-im-beruf.de/voc2go/

Entwickelt von:

it MATTERS
GAMES

Hauptpartner:

SIEMENS
Ingenuity for life

IfT INSTITUT FÜR
TALENTENTWICKLUNG

IfT Institut für
Talententwicklung

Wegbereiter für die berufliche Zukunft

**IfT Institut für
Talententwicklung West GmbH**
Siegfriedstraße 2
53179 Bonn

www.erfolg-im-beruf.de
www.facebook.com/institut.fuer.talentent-
wicklung

Projektleiterin vocatium Bonn/Rhein-Sieg I:
Mareike Wolf
Tel.: 0228 93799047
E-Mail: mareike.wolf@if-talent.de

Geschäftsführung: Tina Schäfermeyer, Miriam
Schöler, Martina Czerwinski (in Elternzeit)

Beschäftigte: bundesweit ca. 250 w
(Unternehmensgruppe)

Ausbildung:
(Standorte auf Anfrage)
Veranstaltungskaufmann/-frau (g)***

Praktika: ja
Jobs für Studierende: ja
Bachelor-/Masterarbeiten: ja

Weitere Informationen ab-
rufbar über die Homepage,
Facebook sowie den QR-
Code

Das IfT Institut für Talententwicklung ist ein Wegbereiter für
die berufliche Zukunft. Die Wind-
rose als Unternehmenslogo steht für
Orientierung und symbolisiert das
Anliegen, jungen Menschen vielfältige Berufswege aufzuzeigen. Das IfT
bringt sie dafür mit Ausbildungsbetrieben und/oder Fach- und Hochschulen in Kontakt.

Wir organisieren jährlich:
• mehr als 75 Fachmessen für Aus-
  bildung+Studium (vocatium/nord-
  job),
• rund 20 Eltern+Schülertage für die
  Berufswahl (parentum),
• Fachmessen für berufliche Bildung
  (meister&master),
• viele talentfördernde Akademie-
  Veranstaltungen
  (Workshops, Vorträge, Tagungen).

Darüber hinaus bieten wir:
• ein Online-Verzeichnis für Ausbildung, Studium und Praktikum,
• ein digitales Lernspiel als Motivator
  für die Berufswahl (vocatium2go/
  nordjob2go),
• regionale Messehandbücher als Nach-
  schlagewerke,
• berufskundliche Ausstellungen,
• mit der TALENTE eine eigene Zeit-
  schrift für Bildung, Berufsorientierung und Personalentwicklung.

7

Grußwort

Welcher Beruf würde mir Spaß machen? Welche Themen begeistern mich so, dass ich mich über Jahre mit ihnen beschäftigen möchte? Welcher Bildungsweg passt zu mir am besten? Diese Fragen stellen sich die meisten Schülerinnen und Schüler, wenn sie ihren Abschluss machen. Je besser sich jeder und jede Einzelne informiert, desto eher lassen sie sich beantworten.

Eine gute Gelegenheit dazu gibt es auf der Bildungsmesse des Instituts für Talententwicklung. Sie bietet Orientierung und Inspiration, ganz gleich, wo man in der individuellen Bildungsbiographie steht. Dort bekommen Sie einen Überblick über die vielen verschiedenen Möglichkeiten. Sie finden Gesprächspartner, die Einblicke in verschiedenste Bereiche und Berufswege geben können.

Mir ist es ein wichtiges Anliegen, dass jede und jeder aus den eigenen Talenten das Beste machen kann. So vielfältig diese Talente sind, so vielfältig sind die Möglichkeiten, mit denen man sie entfalten kann: mit einer Ausbildung, mit einem Studium, vielleicht mit beidem. Akademische und berufliche Bildungswege sind gleichwertige Bildungswege. Sie lassen sich kombinieren, und man kann von einem zum anderen wechseln. Beide bieten großartige Chancen für spannende und erfüllende Karrieren. Ich möchte, dass jedem jungen Menschen die Wege zu seinem Traumberuf offen stehen und ihm individuell Möglichkeiten dorthin aufgezeigt werden. Deshalb habe ich gerne die Schirmherrschaft über die Bildungsmessen des Instituts für Talententwicklung übernommen.

Nutzen Sie die Chancen, die sich Ihnen auf Bildungs- und Jobmessen bieten. Ich wünsche Ihnen spannende Einblicke und Begegnungen und einen erfolgreichen Start in Ihre berufliche Zukunft!

Anja Karliczek
Mitglied des Deutschen Bundestages
Bundesministerin für Bildung und Forschung

Grußwort

„Was willst Du denn später einmal werden?" – Diese Frage kennen Jugendliche zur Genüge. Wenn der Schulabschluss naht, hört man sie oft von Eltern, Freunden, Lehrer*innen, Mitschülerinnen oder Mitschülern. Bei über 300 anerkannten Ausbildungsberufen und mehr als 15.000 Studiengängen ist die richtige Antwort auch alles andere als leicht.

© MAGS NRW

Darum brauchen Sie, liebe Schülerinnen und Schüler, Informationen über die verschiedenen Berufsbilder und über Ihre eigenen Chancen bzw. Fähigkeiten, um am Ende die für Sie richtige Wahl treffen zu können. Grundlage hierfür ist aber auch, regelmäßig mit Praktikern in Kontakt zu kommen, Betriebe und die Arbeitswirklichkeit vor Ort kennenzulernen.

Mit „Kein Abschluss ohne Anschluss (KAoA)" haben wir in NRW ein System auf den Weg gebracht, das genau dort ansetzt: Ab der 8. Klasse werden alle Jugendlichen des Landes systematisch auf dem Weg in das Berufsleben unterstützt. Wir wollen damit sicherstellen, dass Sie Ihre Talente und Stärken genau kennen und die betriebliche Wirklichkeit unter realen Bedingungen erkunden.

Die Fachmessen für Ausbildung und Studium vocatium 2019 bieten Ihnen über KAoA hinaus eine Möglichkeit, mit regionalen Ausbildungsbetrieben und Hochschulen direkt ins Gespräch zu kommen. Sie können Chance sein, Kontakte zu knüpfen und sich über Karriere- und Studienmöglichkeiten auszutauschen.

Auf der anderen Seite sind die Messen auch eine Chance für Unternehmen. Die Unternehmer in Nordrhein-Westfalen stehen vor der großen Aufgabe, geeigneten Nachwuchs zu finden. Vor dem Hintergrund des Fachkräftemangels ist das eine stetig wachsende Herausforderung. Hier lautet meine Bitte an alle Unternehmerinnen und Unternehmer: Seien Sie offen und geben Sie jungen Menschen die Chance, sich im Berufsleben zu beweisen. Schauen Sie nicht nur auf Noten, sondern nutzen Sie die Möglichkeit, junge Menschen frühzeitig während der Schulzeit kennenzulernen. Zeigen Sie ihnen die betriebliche Wirklichkeit in Ihren Unternehmen und gewinnen Sie so die Fachkräfte von morgen.

Liebe Jugendliche, liebe Vertreterinnen und Vertreter von Betrieben: Die „vocatium"-Messen bieten Ihnen im Jahr 2019 an 13 Standorten in Nordrhein-Westfalen die Chance, zueinanderzufinden. Ich wünsche Ihnen allen gute, zukunftsweisende Gespräche und viel Erfolg auf der vocatium 2019!

Karl-Josef Laumann
Minister für Arbeit, Gesundheit und Soziales des Landes Nordrhein-Westfalen

Grußwort

Sehr geehrte Damen und Herren,

© Bundesstadt Bonn

ob Handwerk, Dienstleistung oder MINT-Beruf – alles beginnt immer mit dem ersten Schritt auf dem Berufsweg. Vor dieser wichtigen Entscheidung, welcher Weg beschritten werden soll, sind wesentliche Aspekte zu berücksichtigen und am besten umfassende Informationen und eine zielgerichtete Beratung einzuholen.

In Nordrhein-Westfalen werden Schülerinnen und Schüler ab der 8. Klasse in der Berufsorientierung unterstützt und im Programm „Kein Abschluss ohne Anschluss – Übergang Schule – Beruf" begleitet. Bei der Vielzahl der heutigen Möglichkeiten ist diese Begleitung im Entscheidungsfindungsprozess auch interessengerecht und nötig. Gerade in einem inzwischen eher durchlässigen System von Dualer Ausbildung und Studium bedarf es zur persönlichen Orientierung einer zielgerichteten Unterstützung.

Eine Fachmesse wie die „vocatium Bonn/Rhein-Sieg" ist ein willkommener Baustein und eine sehr gute Möglichkeit für Eltern und Schülerinnen und Schüler, sich am konkreten Beispiel und in persönlichen Gesprächen einen individuellen Eindruck zu verschaffen. Nutzen Sie diese Möglichkeiten umfassend, nehmen Sie sich Zeit und stellen Sie alle Fragen, die zu einer Berufswahlentscheidung erforderlich sind. In diesem Sinne wünsche ich allen Teilnehmerinnen und Teilnehmern sowie den Ausstellern und Organisatoren der Fachmesse einen erfolgreichen Verlauf.

Ihr

Ashok Sridharan
Oberbürgermeister der Stadt Bonn

Grußwort

Liebe Schülerinnen und Schüler,

welchen beruflichen Weg soll ich nach Beendigung der Schule einschlagen? Bieten sich mir Möglichkeiten in unserer Region, oder muss ich den Rhein-Sieg-Kreis verlassen?

Diese oder ähnliche Fragen wird sich jeder von Ihnen stellen, als Schülerin oder Schüler einer Abgangs- bzw. Vorabgangsklasse.

Hilfestellungen dazu oder vielleicht sogar Antworten darauf kann man auf den Fachmessen für Ausbildung und Studium vocatium Bonn/Rhein-Sieg, die 2019 zweimal stattfinden, erhalten.

© Rhein-Sieg-Kreis

Das Angebot der Messen richtet sich sowohl an die Schülerinnen und Schüler als auch an die Lehrerinnen und Lehrer und Eltern. Hier wird ein direkter Austausch mit den Ausbildungsleiterinnen und Ausbildungsleitern von Unternehmen und Studienberaterinnen und Studienberatern von Fach-und Hochschulen geboten. Für Lehrer und Eltern gibt es entsprechende Foren.

Ich als Landrat finde es sehr wichtig, dass jede/r Einzelne von Ihnen einen guten Übergang von der Schule in das Berufsleben schafft.

Denn dann schaffen wir es gemeinsam, unseren lebens- und liebenswerten Rhein-Sieg-Kreis zukunftsfest auszubauen.

Aus diesem Grund investiert der Rhein-Sieg-Kreis mit seiner breit gefächerten Bildungslandschaft gezielt in besonders hohe Qualität bei Bildung und Ausbildung.

Insoweit kann ich nur zu dem Besuch der Fachmesse für Ausbildung und Studium vocatium Bonn/Rhein-Sieg raten, um die von Ihnen zu treffende Entscheidung über eine Berufswahl auf sichere Füße zu stellen.

Nehmen Sie das Angebot an und informieren Sie sich!

Ihr

Sebastian Schuster
Landrat des Rhein-Sieg-Kreises

Sechs Schritte zu deinem erfolgreichen Messebesuch auf der vocatium Bonn/Rhein-Sieg I

1. Teste dich selbst

Verschaffe dir Klarheit über deinen Berufswunsch. Bist du dir noch nicht sicher, welcher Beruf dir liegt, dann stehen dir z. B. kostenlose Tests im Internet zur Verfügung. Eine kleine Auswahl haben wir für dich auf der Seite 24 zusammengestellt. Neben diesen Tests bieten sich persönliche Beratungsgespräche bei Berufsberater*innen der Agentur für Arbeit oder mit der Familie und Freunden an. Was kann ich? Was will ich (erreichen)? Solche und ähnliche Fragen helfen dir.

2. Gute Information

Die Grundlage eines erfolgreichen Messebesuchs ist die gute Vorbereitung. Damit du einen hohen Nutzen aus deinen Gesprächen ziehst, informiere dich anhand dieses Handbuches über die beteiligten Unternehmen, Berufskammern, Berufsverbände und Hochschulen. Eine weiterführende Informationsquelle sind die Internet-Präsentationen der Messeaussteller. Eine Übersicht aller Ausbildungsberufe und Studienfächer, über die auf der vocatium-Messe aus erster Hand informiert wird, findest du auf den Seiten 75 bis 79.

3. Anmeldung

Vom Messe-Team erhältst du einen Anmeldebogen. In diesen trage bitte bis zu vier berufliche Wünsche ein. Die Hauptfrage lautet: Für welche Berufe oder Studienfächer interessierst du dich? Gib den Anmeldebogen ausgefüllt an deine Lehrer*innen zurück. Du findest den Anmeldebogen ab Februar 2019 alternativ auch unter www.erfolg-im-beruf.de im Internet.

4. Gesprächstermine

Aufgrund deiner Anmeldung arrangiert das Messebüro für dich bis zu vier von dir gewünschte 15- bis 20-minütige Termine mit Berater*innen der beteiligten Unternehmen, Institutionen und Hochschulen (teilweise Gruppengespräche möglich). Die Termine werden dir ungefähr 14 Tage vor Messebeginn mitgeteilt. Für dich gilt: Wir stimmen mit deiner Schule ab, wann die Termine am besten in euren Stundenplan passen. Auf der Messe kannst du über die fest vereinbarten Termine hinaus spontan weitere Gespräche mit anderen Messeausstellern führen.

5. Vorbereitung auf die Gespräche

Sobald du deine Gesprächstermine kennst, bereite dich auf diese vor. Mach dir ein genaueres Bild von den Firmen und Institutionen. Empfehlenswert ist es, dass du insbesondere zu deinen Gesprächen mit potenziellen Ausbildungsbetrieben Bewerbungen mitnimmst (siehe Abschnitt 6). Schüler*innen, die sich besonders gut auf ihre Messegespräche vorbereiten, erhalten als Anerkennung eine Bescheinigung (Seite 13).

6. Bewerbungsunterlagen

Wer sich über seinen Berufswunsch schon im Klaren ist, kann die Messe natürlich auch nutzen, um Bewerbungsunterlagen persönlich zu übergeben. Es kann allerdings sein, dass einige Firmen diese Unterlagen auf der Messe nicht entgegennehmen können – etwa weil es ausschließlich Online-Bewerbungsverfahren gibt oder weil die Bewerbungsfrist generell erst später im Jahr beginnt. Auf Seite 16 findest du eine Übersicht, welche Firmen vollständige (!) Bewerbungsunterlagen auf der Messe entgegennehmen. Die Messeaussteller sind darüber hinaus aber auch gerne bereit, Tipps und Anregungen zu den mitgebrachten Bewerbungsunterlagen zu geben.

melissantum

Melissantum-Schulpreis

Die Unterstützung bei der Berufsorientierung und Berufswahlkompetenz ist eine wichtige Aufgabe der Schulen. Herausragende Einzelkonzepte werden mit dem Melissantum-Schulpreis für eine zielführende Berufsorientierung ausgezeichnet.

Vor über 300 Jahren sagte der Gelehrte Johann Gottfried Gregorii (1685 – 1770), genannt Melissantes: „Jeder möge selbst seine Neigung, Eignung und Leistungsfähigkeit erforschen, diese mit den Berufen abgleichen, um darunter den passenden zu finden." Ein Konzept, das auch heute noch höchst aktuell ist.

Das IfT Institut für Talentwicklung sponsert jährlich den Melissantum-Schulpreis, mit dem hervorragende Konzepte der Berufs- und Studienorientierung gewürdigt werden.
Über die Vergabe entscheidet das Kuratorium Schule-Wirtschaft-Politik.

Nähere Informationen finden Sie auf **www.erfolg-im-beruf.de.**

Der Rechtsweg ist ausgeschlossen.

Bescheinigung für gut vorbereitete Messegespräche

Schüler*innen, die sich besonders gut auf ihre Gespräche mit Unternehmen und Institutionen vorbereiten und bei den Gesprächen einen guten Eindruck hinterlassen, haben die Chance auf eine Auszeichnung, die sogenannte Messebescheinigung. Diese Bescheinigung kann späteren Bewerbungen beigefügt werden. Dadurch kannst du zeigen, dass du den Messebesuch mit besonderem Engagement genutzt hast.

Die Bescheinigung erhältst du, wenn du folgende Kriterien erfüllst:

- Pünktliches Erscheinen zu deinem Messetermin
- Sehr gute Gesprächsvorbereitung
- Überzeugendes Auftreten
- Ggf. aussagekräftiges individuelles Anschreiben plus Lebenslauf

PS: Neben deinen Schulnoten zählt für Ausbildungsbetriebe dein Engagement. Jeder potenzielle Ausbildungsbetrieb ist im Rahmen deiner späteren Bewerbungen auch über andere Bescheinigungen dankbar, z. B. über ehrenamtliche Mitarbeit in Vereinen. Wichtig ist zudem, dass auf deinem Bewerbungszeugnis keine Hinweise auf unentschuldigtes Fehlen enthalten sind.

Elterninformation:
Terminorganisation, Datenschutz und Unterstützung

Liebe Eltern,
auf der vocatium-Messe erhalten Mädchen und Jungen die Gelegenheit, mit Mitarbeiter*innen von Unternehmen, Fach- und Hochschulen sowie Institutionen zu sprechen. Sie können sich über Berufswege nach dem Schulabschluss informieren oder persönlich vorstellen. Die Besonderheit der vocatium-Messe: Für die Jugendlichen werden vorab terminierte Gespräche mit den Ausstellern organisiert. Hierzu informieren wir Sie über wichtige Details:

Vorbereitung und Anmeldung:
Die Schüler*innen wurden im Unterricht durch das vocatium-Organisationsteam auf die Messe vorbereitet. Dazu haben sie dieses Handbuch sowie einen Übersichtsbogen über die Beratungsangebote der Aussteller erhalten. Auf einem (separaten) Anmeldebogen mit angegliedertem Beratungsangebot können/konnten die Schüler*innen bis zu vier Gesprächswünsche angeben. **Stehen Sie Ihrem Kind bei der Auswahl der Gesprächswünsche gern beratend zur Seite.**

Datenschutz:
Mit der Abgabe des Anmeldebogens willigen die Schüler*innen ein, dass die Angaben zu Vor- und Nachname, Schule und Klasse vom Organisationsbüro ausschließlich zum Zweck der Terminvergabe gespeichert und an die Aussteller übermittelt werden dürfen. Eine darüber hinausgehende Weitergabe an Dritte oder Nutzung erfolgt nicht. Direkt nach der Messe werden die persönlichen Daten wieder gelöscht. **Bei Schüler*innen unter 16 Jahren ist die Unterschrift eines*einer Erziehungsberechtigten erforderlich.**

Terminorganisation und -absagen:
Die Schule sammelt die von den Jugendlichen ausgefüllten Bögen ein und sendet sie dem vocatium-Organisationsbüro zu. Auf Basis der Gesprächswünsche werden bis zu vier Termine je Teilnehmer*in vergeben. Das vocatium-Büro sendet die Termine, gedruckt auf persönlichen Einladungsbögen, etwa 14 Tage vor der Messe an die Lehrkräfte. Diese leiten die Einladungen an ihre Schüler*innen weiter. Jedes Gespräch dauert ca. 15 bis 20 Minuten. Wer einen oder mehrere Termine nicht wahrnehmen kann, wird gebeten, diese bis zur vorgegebenen Frist (siehe Seite 3) abzusagen. Spätere Abmeldungen sollten durch Mitschüler*innen am Messetag direkt beim Aussteller erfolgen.

Chancen nutzen:
Zu den Gesprächsterminen bei den Ausstellern der Messe werden die Schüler*innen erwartet. Damit die Jugendlichen das Gespräch gut mitgestalten können, ist es ratsam, sich vorab Fragen zu überlegen und auf Gegenfragen vorbereitet zu sein. Auch eine angemessene Kleidung und Pünktlichkeit sind vorteilhaft. Die Messe bietet den Schüler*innen die Möglichkeit, den „Ernstfall" (z. B. spätere Bewerbungsgespräche) und die selbstständige Gesprächsführung zu üben. Wer in seiner Berufswahl schon sicher ist, kann zu Gesprächen bei Unternehmen gleich eine Bewerbungsmappe mitbringen und sich als potenzielle*r Auszubildende*r vorstellen. **Unterstützen Sie Ihr Kind gern bei der Vorbereitung auf die Gespräche.**

Wichtig: Neben den fest vereinbarten Terminen können die Schüler*innen auch spontan weitere Gespräche mit Unternehmen, Fach- und Hochschulen sowie Institutionen führen. Der Eintritt zur Messe ist natürlich frei.

Wir wünschen Ihrem Kind einen guten Start in die Berufswelt!
Ihr vocatium-Organisationsteam

Wir fördern das Miteinander in Deutschland und Europa

Deutsche Gesellschaft e. V.
Mosse Palais
Voßstraße 22
10117 Berlin-Mitte

Tel.: 030 88412141
E-Mail: dg@deutsche-gesellschaft-ev.de

www.deutsche-gesellschaft-ev.de

Vertretungsberechtigte:
Dr. h. c. Lothar de Maizière,
Ministerpräsident a. D. (Vorsitzender)

Franz Müntefering,
Bundesminister a. D. (Vorsitzender)

Jürgen Engert,
Gründungsdirektor ARD-Hauptstadtstudio
(geschäftsführendes Vorstandsmitglied)

Dr. Sabine Bergmann-Pohl,
Bundesministerin a. D., Präsidentin der
Volkskammer a. D.
(geschäftsführendes Vorstandsmitglied)

Dr. Andreas H. Apelt,
(Bevollmächtigter des Vorstandes)

Die Deutsche Gesellschaft e. V. ist der erste gesamtdeutsche Verein, der nach dem Fall der Mauer gegründet wurde. Seit unserer Gründung am 13. Januar 1990 setzen wir uns für Demokratie und Völkerverständigung ein. In Deutschland zählen wir zu den aktivsten Akteuren im Bereich der politischen und kulturellen Bildung. Zudem engagieren wir uns in vielen europäischen Ländern.

Unsere Bildungsangebote richten sich sowohl an Schülerinnen bzw. Schüler als auch an Erwachsene. Wir arbeiten eng mit Bundes- und Landesministern, der Bundeszentrale bzw. den Landeszentralen für politische Bildung, der Europäischen Kommission oder mit Stiftungen und Verbänden zusammen.

Gemeinsam mit diesen Kooperationspartnern veranstalten wir Konferenzen und Workshops, Vorträge und Schulungen oder Studienreisen und Austauschprogramme. Außerdem bieten wir Lesungen, Konzerte und Ausstellungen an. Mit wissenschaftlichen und populärwissenschaftlichen Veröffentlichungen beteiligen wir uns zudem an wichtigen gesellschaftlichen Debatten.

Bewerbungsunterlagen

Nicht aufgelistete Aussteller möchten keine Bewerbungsunterlagen entgegennehmen. Es findet in der Regel ein Online-Verfahren statt.

✔ Diese Messeaussteller nehmen auf der vocatium Bonn/Rhein-Sieg I 2019 vollständige Bewerbungsunterlagen entgegen.

✘ Bewerbungen werden auf der vocatium Bonn/Rhein-Sieg I 2019 nicht entgegengenommen. Die Aussteller sind aber gern bereit, Tipps und Anregungen zu mitgebrachten Unterlagen zu geben.

Achim Lohner	✔	Polizeipräsidium Bonn	✘
Bechtle	✘	Postbank	✘
Berufswelten Energie & Wasser	✔	Rabenhorst –	
bm – gesellschaft		Haus Rabenhorst O. Lauffs	✔
für bildung in medienberufen	✔	Rechtsanwaltskammer Köln	✔
Bundeswehr	✘	SAE Institute	✘
BWI	✔	SGL Carbon	✔
DEICHMANN	✔	Universitätsklinikum Bonn	✔
Deutsche Telekom	✘	WIRTGEN	✔
Dirk Rossmann	✔		
DRK – Deutsches Rotes Kreuz Schwesternschaft	✔		
GFO Kliniken Bonn	✔		
IB Medizinische Akademie	✔		
HARIBO	✘		
Kameha Grand Bonn	✔		
Lebenshilfe Bonn	✔		
Maritim Hotel Bonn	✘		
Marriott World Conference Hotel Bonn	✔		

Rahmenprogramm vocatium Bonn/Rhein-Sieg I

Dienstag, 14. Mai 2019

09.00 – 09.20 Uhr
Persönlichkeit und Vorbereitung:
Die Kombination für ein erfolgreiches Vorstellungsgespräch
IfT Institut für Talententwicklung

09.40 – 10.00 Uhr
Dual Management studieren - Dein Weg Richtung Karriere
EUFH Europäische Fachhochschule

10.20 – 10.40 Uhr
Dual studieren an der Fachhochschule der Wirtschaft in Bergisch Gladbach
Fachhochschule der Wirtschaft (FHDW)

10.40 – 11.00 Uhr
Das Geheimnis der Körpersprache und ihre Bedeutung im Bewerbungsverfahren
IfT Institut für Talententwicklung

11.00 – 11.20 Uhr
Wie finde ich meinen Traumjob?
IUBH Internationale Hochschule Duales Studium

11.40 – 12.00 Uhr
Der Arbeitgeber Bundeswehr,
Karrierechancen in zivilen und militärischen Laufbahnen
Bundeswehr

12.20 – 12.40 Uhr
Tipps und Tricks aus der Praxis rund um die Bewerbung
SGL Carbon

13.00 – 13.20 Uhr
Mini-AC-Training: In jeder Runde treffsicher punkten
IfT Institut für Talententwicklung

Stand Februar 2019 – Änderungen vorbehalten

vocatium

Vorankündigung:

vocatium Bonn/Rhein-Sieg
Fachmesse für Ausbildung+Studium

19./20. September 2019
5./6. Mai 2020 und 23./24. September 2020

08.30 – 14.45 Uhr

Stadthalle Bonn-Bad Godesberg
Koblenzer Straße 80, 53177 Bonn

Jetzt schon
Termin
vormerken!

www.erfolg-im-beruf.de

ifT INSTITUT FÜR
TALENTENTWICKLUNG

Teil I:

Beratungsinstitutionen / Verbände

Auf den folgenden Seiten sind die Ausbildungsberufe und
(dualen) Studiengänge mit ihren vorausgesetzten
Schulabschlüssen wie folgt gekennzeichnet:

* = Erster allgemeinbildender Schulabschluss (ESA)
** = Mittlerer Schulabschluss (MSA)
*** = Abitur

DIE APOTHEKER IN NORDRHEIN

APOTHEKERKAMMER NORDRHEIN · APOTHEKERVERBAND NORDRHEIN E.V.

Apothekerkammer Nordrhein
Poststraße 4
40213 Düsseldorf

Tel.: 0211 8388-0
E-Mail: info@aknr.de
www.aknr.de

Berufsfelder in der Apotheke:

Ausbildung:
Pharmazeutisch-kaufmännische/r
Angestellte/r (dual)*/**/***
Pharmazeutisch-technische/r Assistent/in
(Fachschule)**/***

Studium:
Pharmazie***

Branche: Apotheke/Gesundheits-
                wesen
Beschäftigte: bundesweit mehr als
                157.000 (Jahr 2017)

Schon gewusst? Apothekerkammer Nordrhein und Apothekerverband Nordrhein e. V. vertreten berufspolitische und wirtschaftliche Interessen der nordrheinischen Apothekerschaft.

Die öffentlichen Apotheken sichern die wohnortnahe und flächendeckende Versorgung der Bevölkerung mit Arzneimitteln.

Von mehr als 64.000 Apothekerinnen und Apothekern in Deutschland (Stand 31.12.2017) sind knapp 80 % in nahezu 20.000 inhabergeführten, öffentlichen Apotheken tätig.

Bei Interesse an Naturwissenschaft, guten Kenntnissen in Mathematik und Freude am Umgang mit Menschen bieten die Apotheken:
- abwechslungsreiches Arbeiten,
- wohnortnahe Arbeitsplätze,
- familienfreundliche Arbeitszeiten.

Bewerben Sie sich vor Ort in den Apotheken oder Fachschulen in Nordrhein. Die Bewerbungsfristen sind abhängig vom jeweiligen Ausbildungsberuf.

Der Studiengang „Pharmazie" wird in der Region an Universitäten Bonn und Düsseldorf angeboten.

Wir beraten Sie gerne.

Dein Ticket in die Unabhängigkeit

Berufswelten Energie & Wasser
wvgw Wirtschafts- und Verlagsgesellschaft
Gas und Wasser mbH
Josef-Wirmer-Straße 3 · 53123 Bonn

Tel.: 0228 9191-416
E-Mail: info@berufswelten-energie-wasser.de
www.berufswelten-energie-wasser.de

Ausbildung:
Anlagenmechaniker/in
(Rohrsystemtechnik)*/**/***
Brunnenbauer/in*/**/***
Fachkraft
– Abwassertechnik*/**/***
– Wasserversorgungstechnik*/**/***
– Wasserwirtschaft*/**/***
Industriekaufmann/-frau**/***
Industriemechaniker/in*/**/***
Kaufmann/-frau Büromanagement*/**/***
Rohrleitungsbauer/in*/**/***

Beratungsangebot:
Informationen zu Ausbildungsberufen in der
Energie- und Wasserwirtschaft:
• Inhalte
• Voraussetzungen
• Ausbildungsplätze
• Duales Studium
• Fort- und Weiterbildungen (Meister, Studium)
• Karriere in der Energie- und Wasserwirt-
  schaft

Wir brauchen immer sauberes Wasser und natürlich auch Energie, Stichwort: Strom aus der Steckdose, Smartphone aufladen ...
Die Jobs in der Energie- und Wasserwirtschaft sind also wichtig für uns alle, heute und in der Zukunft.

So ein Beruf ist Dein Ticket in die Eigenständigkeit. Die Ausbildung dafür findest Du bei den „Berufswelten Energie & Wasser". Du bekommst jede Menge praktische Tipps und Infos. Schau einfach mal vorbei. Du wirst überrascht sein, wie vielfältig und spannend diese Jobs sind.

Die Energie- und Wasserwirtschaft eröffnet viele abwechslungsreiche Karriereperspektiven: Anlagenmechaniker, Fachkraft für Wasserwirtschaft, Industriekaufmann, Rohrleitungsbauer – mit rund 50 Ausbildungsberufen bietet sie Schulabgängern mit unterschiedlichen Abschlüssen, Interessen und Begabungen eine große Auswahl an zukunftsweisenden Jobs, die aufgrund der hohen Personalnachfrage krisensicher sind.

Moderne Pflegeausbildung

pflege**ausbildung**.net

**Bundesamt für Familie und
zivilgesellschaftliche Aufgaben**
Referat 306 – Qualifizierung Pflegeberufe
Von-Gablenz-Straße 2 - 6
50679 Köln

Beratungsteam Pflegeausbildung
des Bundesamts für Familie und
zivilgesellschaftliche Aufgaben

Den jeweiligen Ansprechpartner für deine
Region findest du unter:
www.pflegeausbildung.net/beratungsteam

)(((BERATUNGSTEAM PFLEGEAUSBILDUNG

Beratungsangebot:
Informationen zur Pflegeausbildung*/**/***

- Beratung zum neuen Pflegeberufegesetz
- Voraussetzungen der Altenpflegeausbildung
- Wahl des Ausbildungsplatzes und der Schule
- Inhalt und Durchführung der Ausbildung
- Förderung der Pflegeausbildung
- Fort- und Weiterbildungen, z. B. Studium
- Karriere in der Pflege

Die Pflege ist mit eine der größten Dienstleistungsbranchen in Deutschland. Mit der demografischen Entwicklung steigt der Bedarf an professioneller Pflege weiter. Die Pflege älterer Menschen wird also immer wichtiger.

Der Beruf ist spannend und abwechslungsreich. Er bietet viele Entwicklungschancen, wohnortnahe Arbeitsplätze und nicht zuletzt einen sicheren Arbeitsplatz.

Vorausgesetzt wird ein hohes Maß an Fach- und Sozialkompetenz, Selbstständigkeit, Verantwortungsbewusstsein und Teamgeist. Medizinische, psychologische und therapeutische Fähigkeiten sind ebenfalls gefragt.

Weitere Informationen und die Kontaktdaten unseres bundesweit tätigen Beratungsteams findest Du unter: **www.pflegeausbildung.net.**

Vielseitige Ausbildung mit Zukunft

RECHTSANWALTSKAMMER KÖLN

Rechtsanwaltskammer Köln
Riehler Straße 30
50668 Köln

Ansprechpartner: Herr Dick
Tel.: 0221 973010-22
E-Mail: dick@rak-koeln.de

www.rak-koeln.de

Ausbildung:
Rechtsanwaltsfachangestellte/r*/**/***

Fortbildung:
Rechtsanwaltsfachwirt/in

Rechtsanwaltsfachangestellte sind qualifizierte Mitarbeiter in einer Rechtsanwaltskanzlei.

Ihre Hauptaufgabe besteht in der Unterstützung der Rechtsanwälte bei sämtlichen anfallenden Arbeiten. Sie sind aber nicht nur wichtige Assistenten, sondern auch eigenständige Sachbearbeiter, die die ihnen zugeschriebenen Dezernate verwalten.

Die Dauer der Ausbildung richtet sich nach dem vorgegebenen Schulabschluss. Bei Auszubildenden mit Fachoberschulreife dauert die Ausbildung 3 Jahre, kann aber auf 2,5 Jahre verkürzt werden. Bei Auszubildenden mit Fachhochschulreife und Auszubildenden, die bereits eine Ausbildung erfolgreich beendet haben, dauert die Ausbildung 2 Jahre und kann bei entsprechender Leistung auf 1,5 Jahre verkürzt werden.

Nach erfolgreichem Abschluss der Prüfung zum/zur Rechtsanwaltsfachangestellten bieten sich viele neue Perspektiven. Rechtsanwaltsfachangestellte sind aufgrund ihrer vielseitigen Ausbildung nicht nur gefragte Mitarbeiter in Rechtsanwaltskanzleien, sondern auch in Unternehmen, wie z. B. Versicherungen, Banken etc.

Welche Berufe und Studiengänge passen zu mir?

Was kann ich nur werden? Was kann ich besonders gut? Welcher Beruf passt zu mir und welche Voraussetzungen benötige ich dafür? Oder soll ich lieber studieren? Mit diesen und vielen weiteren Fragen solltest du dich beschäftigen, bevor du die Schule verlässt. Ein Online-Selbsttest ist der erste Schritt, um solche Fragen zu beantworten.

Nähere Informationen, Online-Tests zur Selbsteinschätzung sowie Übungsaufgaben zum Auswahlverfahren findest du unter den folgenden Links:

Online-Tests zur Berufswahl:
www.ausbildungs-und-berufswahltest.de
www.entdecker.biz-medien.de
www.planet-beruf.de
www.finest-jobs.com
www.jobs.zeit.de/campus/berufstest
www.arbeitsagentur.de/bildung/ausbildung/welche-berufe-passen
https://jona.cut-e.com (nicht nur auf technische Berufe anwendbar)
www.öffentlicherdienst.de (Öffentlicher Dienst, Beamte)

Online-Studienberatungstests bzw. Online-Self-Assessments (OSA):
www.osa-portal.de (unabhängiges Vergleichsportal)
www.abitur-und-studium.de/Studienwahltest.aspx
www.borakel.de
www.studis-online.de/StudInfo/selbsttests.php
www.cct-germany.de (Test für Lehramtsinteressierte)

Kostenpflichtige Tests zur Berufs- und Studienwahl:
www.explorix.de (13,50 Euro)
www.geva-institut.de (Preis auf Anfrage!)

Eignungstest zu Talenten und Sozialkompetenzen:
www.uni-protokolle.de/eignungstest
www.testedich.de

Übungen zum Auswahlverfahren bzw. Einstellungstest:
www.focus.de/finanzen/karriere/bewerbung/einstellungstest
www.einstellungstest-fragen.de
www.ausbildungspark.com/einstellungstest
www.plakos.de

Teil II:

Ausbildungsbetriebe

Auf den folgenden Seiten sind die Ausbildungsberufe und
(dualen) Studiengänge mit ihren vorausgesetzten
Schulabschlüssen wie folgt gekennzeichnet:

* = Erster allgemeinbildender Schulabschluss (ESA)
** = Mittlerer Schulabschluss (MSA)
*** = Abitur

Vorbereitung auf das Gespräch – mögliche Fragen an Personalleiter*innen und Ausbildungsleiter*innen

Fragen zu Beruf und Ausbildung:
- Wie sieht ein normaler Arbeitstag in Ihrem Unternehmen aus?
- Kann ich berufliche Schwerpunkte während oder nach der Ausbildung setzen?
- Wo findet die Ausbildung statt?
- Wo ist die Berufsschule?
- Besteht die Möglichkeit, die Ausbildung zu verkürzen?
- Wie sind die Arbeitszeiten in der Ausbildung?
- Wovon hängt eine Übernahme nach Beendigung der Ausbildungszeit ab?
- Gibt es innerbetriebliche Fortbildungen?
- Wie viele verschiedene Einsatzbereiche gibt es, in denen ich nach Abschluss der Ausbildung arbeiten könnte? Welche Einsatzbereiche wären es?
- Wie hoch ist die Ausbildungsvergütung?

Fragen zum dualen Studium:
- Wie ist der zeitliche Ablauf des dualen Studiums bei Ihnen?
- Mit welcher Hochschule/Berufsakademie arbeiten Sie zusammen?
- Übernehmen Sie bei einem dualen Studium die Studiengebühren?
- Werde ich während des dualen Studiums von einem*einer Mentor*in begleitet?
- Welche Eignungen sind neben dem Abitur (der FH-Reife) mitzubringen?
- Welche beruflichen Perspektiven habe ich nach dem Studium?

Fragen zu den Voraussetzungen:
- Was erwarten Sie allgemein von Bewerber*innen?
- Wie flexibel (z. B. pendeln vom Wohnort zum Ausbildungsbetrieb) muss ich sein?
- Worauf achten Sie besonders beim Zeugnis?
- Brauche ich gute oder sehr gute Sprachkenntnisse (welche Sprachen)?
- Welche grundlegenden Voraussetzungen sollte ich mitbringen?
- Welche Weiterbildungs- und Aufstiegsmöglichkeiten gibt es?

Fragen zur Bewerbung:
- An wen richte ich die Bewerbung?
- Bevorzugen Sie Online-Bewerbungen oder die klassische Mappe per Post?
- Kann ich mich initiativ bewerben? Wann ist Bewerbungsschluss?
- Auf welche Unterlagen legen Sie besonderen Wert?
- Nach welchen Kriterien wählen Sie die Bewerber*innen aus?
- Führen Sie Einstellungstests durch?
- Bitte deine*n Gesprächspartner*in um ein kurzes Feedback zu deinem Auftreten:
  - Wie habe ich auf Sie gewirkt?
  - Ist meine Kleidung angemessen?
  - Was kann ich in einem „echten" Bewerbungsgespräch verbessern?

Geh mit uns Hand in Hand Deinen Weg! Werde Azubi bei den Lohner's!

Achim Lohner GmbH & Co. KG
Rudolf-Diesel-Straße 18
56751 Polch

Tel.: 02654 9484-0
www.die-lohners.de

Ansprechpartnerin: Katharina Schlaf
E-Mail: k.schlaf@die-lohners.de

Beschäftigte: 1.854
Auszubildende: 105

Ausbildung:
Bäcker/in*/**/***
Konditor/in*/**/***
Fachmann/-frau für
Systemgastronomie*/**/***
Fachverkäufer/in im Lebensmittelhandwerk
(Bäckerei)*/**/***
Kaufmann/-frau für Büromanagement**/***
Mechatroniker/in für Betriebstechnik*/**/***

Praktika: ja
Jobs für Studierende: ja
Bachelor-/Masterarbeiten: nein

Im Unternehmen der Lohner's werden sechs verschiedene Berufsausbildungen nicht nur rund um das Bäckerhandwerk angeboten, die viel Abwechslung und attraktive Zukunftschancen bieten! Diese Berufe sind klasse, weil sie begeisterungsfähig, ausbaufähig und alles andere als trocken und langweilig sind! Karrierefähig eben!

Hier bei den Lohner's sind zufriedene Mitarbeiter kein Fremdwort. Das Wohlbefinden steht an erster Stelle und jeder Azubi bekommt eine kompetente Unterstützung.

Das bieten wir für all unsere Auszubildenden:

- Interne Schulungen
- Gut ausgebildetes Fachpersonal
- Eine sichere Ausbildung mit sehr guter Übernahmechance
- Weiterbildungsmöglichkeiten
- Gutes Betriebsklima
- Prämierungen bei guten schulischen Leistungen
- Azubi-Gespräche & Bewertungen
- Der beste Auszubildende der Bäckerei Lohner bekommt den Führerschein bezahlt

Erfolgsgeschichte seit 1983.

Ihr starker IT-Partner.
Heute und morgen.

Bechtle GmbH & Co. KG
IT-Systemhaus Bonn/Köln
Pennefeldsweg 10
53177 Bonn

Tel.: 0228 6888-0
www.bechtle-azubit.de

Ansprechpartnerin:
Kristina Kisner

Beschäftigte: 351
Auszubildende: 9 pro Jahr

Ausbildung:
Fachinformatiker/in
– Anwendungsentwicklung**/***
– Systemintegration**/***
IT-Systemkaufmann/-frau**/***

Duales Studium:
Wirtschaft und Informatik

Bachelor-/Masterarbeiten: ja

Die Bechtle AG ist einer der führenden IT-Dienstleister in Europa mit 70 Systemhäusern in Deutschland, Österreich und der Schweiz, mit IT-E-Commerce in 14 europäischen Ländern und rund 3,6 Milliarden Euro Umsatz in 2017. Rund 8.400 Mitarbeiter, Studierende und Auszubildende setzen sich täglich für uns ein.

Werde Teil der Erfolgsgeschichte – bei uns im IT-Systemhaus in Bonn/Köln. Wir bieten:
• interessante Berufe in einem dynamischen Unternehmen,
• individuelle Betreuung durch einen Paten – vom ersten Tag bis zur Abschlussprüfung,
• viel Praxiserfahrung und Eigenverantwortung,
• Seminare und spezielle Schulungsprogramme an unserer eigenen Bechtle Akademie,
• flache Hierarchien, Teamgeist und Raum zur persönlichen Entwicklung,
• bei besonderen Leistungen Anerkennung und die Gewissheit, übernommen zu werden,
• spannende Stellen für den Berufseinstieg,
• vielfältige Weiterbildungsmöglichkeiten bei der Bechtle Akademie.
Bereit und fIT für die Zukunft? Dann bewirb Dich jetzt. Wir freuen uns auf Dich.

BIRKENSTOCK® Bewusst gesunde Schuhe

Birkenstock GmbH & Co. KG Services
BIRKENSTOCK Campus
53577 Neustadt (Wied)

Ansprechpartnerin: Susanne Söhngen
Tel.: 02683 93590
E-Mail: susanne.soehngen@birkenstock.com

www.birkenstock-group.de/karriere

Beschäftigte: 3.800
Auszubildende: regional 9 pro Jahr
                 national 20 pro Jahr

Ausbildung:
Elektroniker/in**/*** (Sankt Katharinen)
Industriekaufmann/-frau**/*** (Neustadt [Wied])
Fachkraft für Lagerlogistik*/**/*** (Vettelschoß)

Duales Studium:
Industriemanagement*** (Neustadt [Wied])
Logistikmanagement*** (Vettelschoß)

Praktika: ja
Bachelor-/Masterarbeiten: ja

Seit 1774 machen wir – die Erfinder des Fußbetts – uns Gedanken, wie wir das Leben unserer Kunden angenehmer gestalten und bereichern können – mit gutem Schuhwerk für alle Lebenssituationen. In einer vorwiegend preisgetriebenen Konsumwelt, die durch Wegwerfprodukte aus Niedriglohnländern geprägt ist, schafft BIRKENSTOCK mit seinen Premium-Qualitätsprodukten eine Alternative für all jene, die Wert auf Qualität legen. Ganz gleich, ob Manufaktur oder industrielle Fertigung – alle BIRKENSTOCK Produkte erfüllen die höchsten Qualitätsstandards, die man in der globalen Schuhindustrie finden kann. Bei den verwendeten Materialien (Kork, Naturlatex, Kupfer, Messing, Wollfilz und bestes Leder) gehen wir ebenso wenig Kompromisse ein wie bei deren Verarbeitung. Die Rohstoffe stammen aus nachhaltigen Ressourcen.

Arbeiten bei BIRKENSTOCK ist kein Job wie jeder andere. Wer hier arbeitet, hat auch allen Grund dazu. Wir machen die Welt ein Stückchen besser – durch nachhaltige Produkte, mit denen sich die Menschen wohlfühlen können. Und wir wachsen stetig. Jeder Einzelne und alle zusammen als Unternehmen. Es gibt viel zu tun und viel zu gestalten. Was haben Sie bei uns vor?

Ausbildungsbetriebe

29

Militärische und zivile Karriere

Bundeswehr
Ludwig-Beck-Straße 23
40470 Düsseldorf

Hotline: 0800 9800880
(bundesweit kostenfrei)
www.bundeswehrkarriere.de

Ausbildung (militärische Karriere):
Meisterebene (Feldwebel)
Facharbeiterebene (Unteroffizier/in)
in einem von etwa 50 verschiedenen
Berufsbildern:
Soldat/in auf Zeit und Ausbildung*/**/***
- gewerbliche Berufe
- kaufmännische Berufe
- medizinische Berufe
- technische Berufe

Ausbildung (zivile Karriere):
in mehr als 40 staatlich anerkannten
Berufen, z. B.:
Elektroniker/in - Energie- und
Gebäudetechnik*/**
Fachkraft - Lagerlogistik*/**
Medizinische/r Fachangestellte/r*/**
Pharmazeutisch-kaufmännische/r
Angestellte/r*/**/***
Verwaltungsfachangestellte/r*/**
Zahnmedizinische/r Fachangestellte/r*/**

Beamtenlaufbahn - mittlerer Dienst:
Beamter/-in
- Feuerwehr (mittlerer technischer Dienst)*/**
- mittlerer nichttechnischer Dienst*/**

Beamtenlaufbahn - gehobener Dienst:
Beamter/-in
- gehobener nichttechnischer Dienst***
- gehobener technischer Dienst***

Studium in den Bereichen:
(ggf. inkl. fliegerischer Dienst)
Geisteswissenschaften***
Ingenieurwissenschaften***
Medizin***
Psychologie***
Sozialwissenschaften***
Wirtschaftswissenschaften***

Sie verfügen über gute schulische Leistungen, sind körperlich fit, teamfähig und suchen einen interessanten und vielseitigen Beruf? Sie können sich eine Karriere bei der Bundeswehr vorstellen? Dann informieren Sie sich über das sehr umfangreiche und vielfältige Ausbildungs-, Weiterbildungs- und Studienangebot bei der Bundeswehr!

Offiziere – gehobener Dienst
Offiziere sind Führungskräfte, die als Vorgesetzte und/oder Spezialisten in den verschiedensten Tätigkeitsfeldern eingesetzt werden. Dieser Beruf bietet Herausforderungen, Chancen und Möglichkeiten, die weit über das Angebot der Wirtschaft hinausgehen. Bei einer Verpflichtungszeit von 13 Jahren ist ein vierjähriges Studium in einem der über 20 verschiedenen Studiengänge an einer der beiden Universitäten der Bundeswehr in München oder Hamburg Bestandteil der Ausbildung. Während dieses Studiums werden u. a. die Gehaltszahlungen fortgeführt und die kostenfreie medizinische Versorgung sichergestellt.

Ganz ähnlich sieht es für die Angehörigen des Sanitätsdienstes aus. Sie absolvieren ein ziviles Medizinstudium und werden anschließend bei einer Verpflichtungszeit von 17 bis 19

Jahren als Arzt/Ärztin der Human-, Veterinär-, Zahnmedizin oder in der Pharmazie bei der Bundeswehr eingesetzt.

Wer sich den Traum vom Fliegen ermöglichen möchte und dafür das anspruchsvolle Eignungsverfahren besteht, wird bei einer Verpflichtungszeit von 16 Jahren zum Piloten/zur Pilotin ausgebildet. Und auch hier wird in der Regel ein Studium angeboten bzw. angestrebt.

Feldwebel – mittlerer Dienst

Die Laufbahn der Feldwebel bietet eine echte Alternative zum Studium. Sie wird grob in zwei Gruppen unterschieden:

Die Feldwebel des Truppendienstes übernehmen bei einer Verpflichtungszeit von zwölf Jahren Verantwortung und besitzen die notwendigen Qualitäten, unterstellte Soldaten/-innen zu führen und auszubilden.

Die Feldwebel des Fachdienstes hingegen sind ausgewiesene Experten einer zivilberuflichen Fachqualifikation in Kombination mit den Herausforderungen des Soldatenberufs. Kontinuierliche Erweiterung und Vertiefung ihrer Kenntnisse und Fähigkeiten sind Bestandteile dieser fachbezogenen Qualifizierung bis hin zur zivil anerkannten Meisterebene. Bei einer Verpflichtungszeit von 13 Jahren werden diese Fachkräfte in einem von etwa 50 Berufsbildern – aufbauend auf einer Facharbeiterausbildung – zur Meisterqualifikation gefördert und

ausgebildet. Diese Laufbahn ist auch bereits mit einem Realschulabschluss erreichbar.

Unteroffizier – mittlerer Dienst

Soldaten/-innen, die sich in ihrer beruflichen Qualifikation auf der Gesellen-/Facharbeiterebene befinden, sind Angehörige der Laufbahn der Unteroffiziere des Fachdienstes. Neben einer militärischen Basisausbildung steht auch hier die Tätigkeit in den vielfältigsten Berufsfeldern im Vordergrund. Die Verpflichtungszeit von neun Jahren sieht u. U. auch eine vollwertige Ausbildung in einem der etwa 50 verschiedenen Berufe vor.

Eine weitere Möglichkeit bietet der Freiwillige Wehrdienst, um den Arbeitgeber Bundeswehr kennenzulernen. Der Zeitraum reicht von sieben bis zu 23 Monaten.

Zivile Karriere

Die Arbeitnehmer/innen und Beamte/-innen der Bundeswehrverwaltung sind dabei in den unterschiedlichsten Aufgabenbereichen im technischen und nichttechnischen Dienst, im Inland wie auch im Ausland tätig.

Hier bieten wir Ihnen qualifizierte Ausbildungen in mehr als 40 staatlich anerkannten Berufen und verschiedene Beamtenlaufbahnen. Diese können in zahlreichen Ausbildungsstätten, wie Fachhochschulen/Universitäten und eigens für die Ausbildung von technischen Berufen eingerichteten Werkstätten, in ganz Deutschland absolviert werden.

Beste Perspektiven bei einem der Top-10 IT-Dienstleister Deutschlands.

BWI GmbH
Auf dem Steinbüchel 22
53340 Meckenheim

Ansprechpartnerin: Andrea Fammler
Tel.: 02225 9883315
E-Mail: andrea.fammler@bwi.de

www.bwi-karriere.de; www.bwi.de

Beschäftigte: 4.000
Auszubildende: ca. 80 pro Jahr

Ausbildung:
Fachberater/in Integrierte Systeme
inkl. Fachinformatiker/in
-Systemintegration**/***
Fachberater/in Softwaretechniken
inkl. Fachinformatiker/in
- Anwendungsentwicklung**/***
Fachinformatiker/in
- Anwendungsentwicklung*/**/***
- Systemintegration*/**/***
IT-Systemelektroniker/in*/**/***

Duales Studium:
Wirtschaftsinformatik (B. Sc.)***
Schwerpunkt IT-Management
inkl. Fachberater/in Integrierte Systeme
oder Fachberater/in Softwaretechniken

Praktika: ja
Jobs für Studierende: ja
Bachelor-/Masterarbeiten: ja

Du hast den Abschluss fast in der Tasche und möchtest „etwas mit IT" machen? Nutze die Möglichkeit und starte bei uns in dein Berufsleben. Entdecke die spannende Welt innovativer IT mit einem Einstieg in unterschiedliche Ausbildungsberufe oder duale Studiengänge bei der BWI.

Der theoretische Teil des Ausbildungsprogramms erfolgt in Kooperation mit der renommierten Siemens Professional Education (SPE) in der Berufsschule in Paderborn, bei den Studiengängen zusätzlich mit der FH Südwestfalen, während der praktische Teil an BWI-Standorten absolviert wird.

In den Praxisphasen im Unternehmen unterstützt du deine Teamkollegen sowohl im laufenden Tagesgeschäft als auch in Projekten. Du übernimmst nach einiger Zeit erste eigene Aufgaben und hast viel Raum für Eigeninitiative. Dabei wirst du von engagierten und erfahrenen Ausbildern intensiv und praxisnah betreut.

BWI
IT für Deutschland

CLOUD IST KEINE WOLKE

Das siehst du auch so?

Dein Himmel besteht nur aus Daten- und Rechnerwolken? Dann gestalte mit uns die IT für Deutschland und starte **deine Karriere**. Ob Ausbildung oder ein duales Bachelorstudium, wir begleiten dich bei den ersten Schritten in eine erfolgreiche **IT-Karriere**. Abwechslungsreiche Themen und spannende Projekte stehen bei uns auf der Tagesordnung. Bei uns zählt: **Tu was du liebst.**

Lerne uns persönlich kennen!   **www.bwi-karriere.de**

Ihr Berufseinstieg mit Aufstiegschancen!

DEICHMANN SE
Deichmannweg 9
45359 Essen

deichmann-karriere.de

DEICHMANN SE
Region Rheinland-Mitte
Kirchstraße 2
53797 Lohmar

Ansprechpartnerin: Kim Dellwig
E-Mail: kim_dellwig@deichmann.com

Beschäftigte: 39.000 weltweit

Ausbildung:
Handelsfachwirt (m/w)***
Kaufmann im Einzelhandel (m/w)**/***
Verkäufer (m/w)*/**/***

Praktika: ja

Bewerbungen und weitere Infos unter:
deichmann-karriere.de

„Trendsetter
werden statt
Ladenhüter
bleiben."

Als eigenfinanziertes Familienunternehmen sind wir mehr als nur ein 3.900 Standorte umspannendes Filialnetz in 26 Ländern, mehr als 5 Mrd. Euro Jahresumsatz und mehr als einer der erfolgreichsten Online-Shops für Schuhe in Europa. Deichmann ist Wegbereiter, Förderer und Arbeitgeber von über 39.000 engagierten Mitarbeiterinnen und Mitarbeitern weltweit. Mit einer Ausbildung bei uns starten Sie in Ihre Zukunft bei Europas Schuhhändler Nr. 1! In unseren Filialen bieten wir folgende Ausbildungen an:

Ausbildung zum Verkäufer (m/w) und Kaufmann im Einzelhandel (m/w):

Heute Azubi, und danach noch weiter? Egal ob Sie Ihre Zukunft als Verkäufer sehen oder bei uns weiter Karriere machen wollen: Wir bereiten Sie perfekt darauf vor.

Ausbildung zum Handelsfachwirt (m/w):

Mit unserer integrierten Ausbildung für Abiturienten erlangen Sie betriebswirtschaftliches Fachwissen, das Sie direkt bei Ihrer Arbeit in der Filiale umsetzen – und können schnell bei uns weiterkommen.

Sie gehen offen auf Menschen zu und kennen die neuesten Trends? Sie zeigen Einsatz und Ehrgeiz? Dann bewerben Sie sich bevorzugt online auf deichmann-karriere.de oder direkt an unserem Messestand.

WENN DU GLAUBST, DU WEISST ALLES ÜBER TECHNIK DENK NOCH MAL NACH."

Paula, Auszubildende

BEI DER DEUTSCHEN TELEKOM arbeitest und lernst Du an den Themen der digitalen Zukunft. Mehr erfahren: telekom.com/schueler

DEINE AUSBILDUNG BEI DER DEUTSCHEN TELEKOM

Bei uns findest Du auf jeden Fall den Ausbildungsplatz, der zu Dir passt – ob als Industriekauffrau, Systemelektroniker oder Fachinformatiker. Du kannst zwischen jeweils vier kaufmännischen und IT-Ausbildungsberufen wählen.

DARUM SOLLTEST DU DICH BEWERBEN

Bei der Deutschen Telekom gestaltest Du gemeinsam mit uns die digitale Zukunft. Mit Deiner Arbeit bringst Du Menschen einander näher und sorgst dafür, dass ihr Leben einfacher wird. Nach Deiner Ausbildung hast Du beste Chancen, Dich im Konzern weiterzuentwickeln.

DEINE HIGHLIGHTS

- Ausbildungsdauer: 3 Jahre, Verkürzung möglich
- Ausbildungsbeginn: 1. September
- Monatliche Vergütung zwischen 940 Euro und 1.040 Euro brutto
- Smartphone, Laptop und Internetzugang
- Persönlicher Lernbegleiter und moderne Lernplattformen
- Die Besten unter den Auszubildenden können an einem Talentprogramm teilnehmen

ERLEBEN, WAS VERBINDET.

ROSSMANN

Mein Drogeriemarkt

ROSSMANN. Hier kriegst du was geboten

Dirk Rossmann GmbH
Personalabteilung
Isernhägener Straße 16
30938 Burgwedel

Weitere Infos auf:
www.rossmann.de/ausbildung

Jetzt bewerben!

Beschäftigte: 54.500
Auszubildende: ca. 700 pro Jahr

Ausbildung in unseren Filialen:
Kaufmann/-frau im Einzelhandel*/**/***

Ausbildung in der Logistik:
Berufskraftfahrer/in*/**
Fachkraft für Lagerlogistik*/**
Fachlagerist/in*/**

Schülerpraktika: ja

Wer bei uns arbeitet, kennt sich aus. Mit Pflegeprodukten, Schönheit und Ernährung, mit allen Aspekten eines modernen Haushalts, mit Gesundheit, Hygiene und Technik. Oder in einem Satz: mit so ziemlich allen Lebensbereichen.

ROSSMANN ist nicht nur der Start in den Beruf, es ist auch die Chance, mutig Dinge in die Tat umzusetzen und selbstständiges Handeln zu lernen. Das ist noch ein bisschen mehr als ein erfolgreicher Abschluss. Diese Erfahrung prägt ein ganzes Leben.

Neugierig geworden? Schau einfach an unserem Messestand vorbei!

36

Beautyexperte? Mach was draus mit einer Ausbildung oder einem Studium bei dm!

dm-drogerie markt GmbH + Co. KG
Carl-Metz-Straße 1
76185 Karlsruhe

Tel.: 0721 5592-0

E-Mail: ServiceCenter@dm.de
www.dm.de/machwasdraus

Ansprechpartnerin vor Ort:
Maren Rittinghaus

#dmmachwasdraus   Sascha, Lehrling Drogist

Beschäftigte: mehr als 40.000 Mitarbeiter
Auszubildende: Für den Ausbildungsstart schafft dm jedes Jahr rund 1.900 Ausbildungsplätze.

Ausbildung:
Drogist/in*/**/***
sowie neun weitere Ausbildungsberufe
in den Bereichen Handel, IT und Logistik

Duales Studium:
BWL (B. A.)***
Informatik (B. Sc. / B. Eng.)***
Wirtschaftsinformatik (B. Sc.)***

Praktika: ja

Du arbeitest gerne eigeninitiativ und liebst neue Produkte aus den Bereichen Wellness, Schönheit, Gesundheit und Foto? Dann bist du bei uns richtig! Unsere Lehrlinge lernen früh, eigene Lösungen zu finden und verantwortlich zu handeln.

Jeder hat seine eigenen Stärken und braucht nur das richtige Umfeld, um diese einzubringen und weiterzuentwickeln. Als Drogist bei dm bist du immer up to date, achtest auf neue Trends und berätst Kunden dazu. Neben der Ausbildung zum Drogisten kannst du bei uns auch ein duales Studium BWL in der Fachrichtung Handel mit dem Schwerpunkt Filiale absolvieren.

Egal, wofür du dich entscheidest: Bei dm kannst du dich vom ersten Tag an mit eigenen Ideen im Team einbringen. In Theaterworkshops lernst du, dich offen und mutig neuen Herausforderungen zu stellen. Fähigkeiten also, die dich an all unseren Lernorten wie den dm-Märkten, den Verteilzentren oder der Zentrale in Karlsruhe voranbringen.

Du willst mehr wissen? Dann schau gern auf unserer Homepage dm.de/machwasdraus vorbei oder besuche uns direkt am Stand.

Werden Sie Teil der weltweit größten humanitären Bewegung!

DRK – Deutsches Rotes Kreuz
Schwesternschaft „Bonn" e. V.
Venusbergweg 17 b
53115 Bonn

www.schwesternschaft-bonn.drk.de

Ansprechpartnerin: Annegret Petrich
Tel.: 0228 26901-0
E-Mail:
zentrale@schwesternschaft-bonn.drk.de

Ausbildung:
Altenpfleger/in*/**/***
Gesundheits- und Kinderkrankenpfleger/in**/***
Gesundheits- und Krankenpfleger/in**/***
Diese Ausbildungen werden ab 2020 zu einem Ausbildungsberuf zusammengefasst: Pflegefachmann/-frau!

Anästhesietechnische Assistenz**/***
Gesundheits-
und Krankenpflegeassistent/in*/**/***
Operationstechnische/r Assistent/in**/***

Beratungsangebot:
Bundesfreiwilligendienst (BFD)*/**/***
Freiwilliges Soziales Jahr (FSJ)*/**/***

Praktika: im sozialen Bereich*/**/***

Die Freiwilligendienste sowie Ausbildungen in Pflegeberufen bei der DRK-Schwesternschaft „Bonn" e. V. bieten Ihnen die Chance:

- Ihre Talente zu entdecken und zu entfalten,
- zum Einstieg in einen krisensicheren, erfüllenden Beruf mit vielen Aufstiegschancen.

Unser Verein gehört zum Deutschen Roten Kreuz und damit zur Internationalen Rotkreuz- und Rothalbmondbewegung.

Als Pflegeprofis setzen wir uns deutschland- und weltweit für Menschlichkeit ein und helfen unterschiedslos Menschen in Not, im Fall von Krankheit und im Alter.

Dafür bilden wir in unserer Akademie für Pflege, Gesundheit und Soziales in Bonn, Köln und Euskirchen aus und kooperieren mit anderen Pflegeschulen, wie z. B. dem Ausbildungszentrum für Pflegeberufe am Universitätsklinikum Bonn und der Schule für Gesundheits- und Pflegeberufe am Gemeinschaftskrankenhaus Bonn.

Schon gewusst? Als Mitglied der Schwesternschaft in der Ausbildung im Ausbildungszentrum für Pflegeberufe am Universitätsklinikum Bonn können Sie sich für das duale Studium Pflege bewerben und über Erasmus Plus schon während der Ausbildung erste Auslandserfahrung sammeln.

Lassen Sie sich von uns beraten. Wir freuen uns auf Ihren Besuch!

Dein Platz ist hier!

GFO Kliniken Bonn
Betriebsstätten
St. Marien-Hospital Bonn, Venusberg
St. Josef-Hospital Bonn, Beuel
Cura Krankenhaus, Bad Honnef

Ansprechpartner: Arne Weiffenbach,
stellvertretender Pflegedirektor
Robert-Koch-Straße 1 · 53115 Bonn
Tel.: 0228 505-2742 (Sekretariat)

www.gfo-kliniken-bonn.de

Weitere Infos zur Ausbildung:
Karl Borromäus Schule
Wittelsbacherring 9 · 53115 Bonn
Tel.: 0228 688968-10
E-Mail: info@kabo-bonn.de

www.kabo-bonn.de

Dein Platz ist hier!

Auszubildende: 165

Ausbildung:
Gesundheits- und Krankenpflege**/***
Gesundheits- und Kinderkrankenpflege**/***
Gesundheits- und Krankenpflegeassistenz*/**/***
Operationstechnische Assistenz**/***

Beratungsangebot:
Bundesfreiwilligendienst*/**/***
Freiwilliges Soziales Jahr*/**/***

Wir bieten interessante Praktika*/**/***.

Erkrankte Menschen aller Altersstufen benötigen eine qualifizierte pflegerische Betreuung und Begleitung. Um die qualifizierte Patientenversorgung auch in Zukunft sicherzustellen, bilden die GFO Kliniken Bonn in Kooperation mit der Karl Borromäus Schule Bonn in unterschiedlichen Pflegeberufen aus. Wir suchen jährlich zum 1. April und 1. September insbesondere Auszubildende in der Gesundheits- und Krankenpflege (m/w/d).

Wir bieten Ausbildungsplätze in der Gesundheits- und Krankenpflege (auch in Teilzeit möglich) sowie in der Gesundheits- und Kinderkrankenpflege an. Daneben bilden wir Operationstechnische Assistenten (m/w/d) und Gesundheits- und Krankenpflegeassistenten (m/w/d) aus.

Die GFO Kliniken Bonn verfügen über drei Betriebsstätten, das St. Marien-Hospital in Bonn, das St. Josef-Hospital in Bonn-Beuel und das Cura Krankenhaus in Bad Honnef. Unsere Trägergesellschaft ist die Gemeinnützige Gesellschaft der Franziskanerinnen zu Olpe mbH.

Wir freuen uns, Sie kennenzulernen. Bringen Sie gerne Ihre Bewerbungsunterlagen an diesem Tag mit.

HARIBO macht Kinder froh und Erwachsene ebenso

HARIBO Deutschland
Dr.-Hans-und-Paul-Riegel-Straße 1
53501 Grafschaft

Ansprechpartnerinnen (Grafschaft):
Kaufmännische Ausbildung
Michaela Bootsveld
Tel.: 02641 300-1454

Technische Ausbildung
Romina Lenzig-Gossel
Tel.: 02641 300-2019

www.haribo.com

Beschäftigte: 3.000 in Deutschland
                7.000 weltweit
Auszubildende: ca. 27 pro Jahr
                69 Azubis (insgesamt)

Ausbildung:
Elektroniker für Betriebstechnik (m/w/d)**/***
Fachinformatiker
für Systemintegration (m/w/d)***
Industriekaufmann (m/w/d)***
Industriemechaniker
für Maschinen- und Anlagenbau (m/w/d)**/***
Kaufmann für Büromanagement (m/w/d)**/***
Maschinen- und Anlagenführer (m/w/d)*/**/***
Mechatroniker (m/w/d)**/***

Praktika: ja

Seit fast 100 Jahren schreibt unsere Firma HARIBO Erfolgsgeschichte. Was mit einem Sack Zucker begann, ist zu der Kultmarke im Bereich Süßwaren geworden.

HARIBO ist Weltmarktführer im Fruchtgummi- und Lakritzsegment. International erfreuen sich Kinder und Erwachsene an unseren beliebten Produkten.

Diesen Erfolg haben wir insbesondere unseren Mitarbeitern zu verdanken. Heute beschäftigt HARIBO ca. 7.000 Mitarbeiter in 26 Ländern – davon rund 3.000 in Deutschland.

Der weltbekannte Slogan „HARIBO macht Kinder froh" entstand bereits in den 30er Jahren. Mitte der 60er Jahre wurde dieser Werbeslogan um den Zusatz „und Erwachsene ebenso" erfolgreich ergänzt. An den deutschen Standorten Grafschaft, Bonn, Solingen, Neuss sowie Wilkau Haßlau bilden wir unsere eigenen Auszubildenden und damit unsere Fachkräfte von morgen aus. Die Ausbildung bei HARIBO ist durch eine familiäre Atmosphäre und tolle Entwicklungsmöglichkeiten in einem erfolgreichen Unternehmen geprägt.

Viele ehemalige Auszubildende bleiben HARIBO auch nach der Ausbildung treu verbunden und übernehmen auch nicht selten Führungspositionen.

KAMEHA
GRAND
BONN

LIFE IS GRAND AND SO ARE YOU!

Kameha Grand Bonn
Am Bonner Bogen 1
53227 Bonn

Tel.: 0228 4334-5000
www.kamehabonn.de

Ansprechpartnerin: Lisa Mies
E-Mail: personal@kamehagrand.com

Beschäftigte: ca. 180 Mitarbeiter*innen
Auszubildende: 10 – 15

Ausbildung:
Hotelfachmann/-frau**/***
Koch/Köchin**/***
Veranstaltungskaufmann/-frau**/***

Praktika: ja
Jobs für Studierende: ja
Bachelor-/Masterarbeiten: ja

Das Kameha Grand Bonn mit seinem spektakulären Interieur-Design des Künstlers Marcel Wanders und der außergewöhnlichen Gebäudeform verfügt über 254 Zimmer und Suiten und einen Event- und Konferenzbereich für bis zu 2.500 Personen.

Das Kameha Grand Bonn beweist kulinarische Vielfalt und Originalität mit seinen Restaurants und Bars: Sowohl die „Brasserie Next Level", das Fine Dining Restaurant „YUNICO", die „RheinAlm" als auch die „Stage Bar & Lounge" bieten den anspruchsvollen Gästen besondere Kulinarik verbunden mit einem Service auf dem höchsten Niveau. Weitere besondere Momente erleben die Gäste in unserer SPA-Oase mit Panoramablick in Bonns einzigartigem Infinity-Pool.

Wir vereinen Charakter, Zukunft & Erfahrung und brauchen Dich als Mr. oder Mrs. Zuverlässig. Egal ob kreativer Querdenker, erfahrener Vollprofi, detailverliebter Träumer oder junger Wilder, jeder Mensch ist einzigartig und findet bei uns seinen persönlichen Lieblingsplatz. Stell Dich uns vor und lass uns gemeinsam jeden Tag zu einem Grand Moment machen.

Sozial.
Menschlich.
Engagiert.

Lebenshilfe Bonn
Kessenicher Straße 216
53129 Bonn

Tel.: 0228 55584-0
www.lebenshilfe-bonn.de

Ansprechpartnerin: Ulrike Hirse
E-Mail: karriere@lebenshilfe-bonn.de

Beschäftigte: 600
Auszubildende: 16

Ausbildung:
Erzieher/in**/***
Heilerziehungspfleger/in**/***

Duales Studium:
Soziale Arbeit***

Beratungsangebot:
Bundesfreiwilligendienst (BFD)*/**/***
Freiwilliges Soziales Jahr (FSJ)*/**/***

Praktika: ja
Jobs für Studierende: ja

Die Lebenshilfe Bonn berät, begleitet und unterstützt Menschen mit geistiger Behinderung. Wir haben Angebote für Menschen jeden Alters. Unser Ziel heißt Inklusion. Wir wollen, dass jeder Mensch selbstbestimmt und gleichberechtigt am Leben in der Gesellschaft teilnehmen kann.

Bei uns arbeiten rund 600 Mitarbeitende verschiedener Fachrichtungen, wir sind inklusiv und konfessionsfrei. Ein Beruf mit Sinn und Zukunft: Bei uns haben Sie beste Aussichten auf eine Anstellung im Anschluss an die Ausbildung oder das Studium.

Wir bilden aus: Erzieher/innen und Heilerziehungspfleger/innen. Ihre Ausbildung findet in einer unserer Wohneinrichtungen oder in einer inklusiven Kindertagesstätte statt. Den schulischen Anteil absolvieren Sie an einem Berufskolleg.

Sie wollen studieren und gleichzeitig Berufserfahrung sammeln? Kein Problem. Bei uns haben Sie die Möglichkeit zum dualen Studium Soziale Arbeit.

Sie möchten sich sozial engagieren, sich orientieren, Talente entdecken? Das alles bietet ein Freiwilligendienst in einer unserer Einrichtungen.

Gerne beantworten wir Ihre Fragen. Wir freuen uns auf Ihren Besuch!

Lidl lohnt sich

Wir suchen:
Anpacker. Durchstarter.
Möglichmacher.

Lidl Vertriebs-GmbH & Co. KG
Am Autobahnkreuz 8
56072 Koblenz

Ansprechpartner: Sascha Hammes
Aus- und Weiterbildungsleiter
E-Mail: bewerbung.kob@lidl.de

Jetzt bewerben auf: jobs.lidl.de

Beschäftigte: über 1.800
Auszubildende: über 70

Ausbildung:
Handelsfachwirt/in
(Abiturientenprogramm)***
Kaufmann/-frau im Einzelhandel**/***
Verkäufer/in*/**/***

Duales Studium:
Betriebswirtschaft
– Handel***
– Warenwirtschaft & Logistik***

Praktika: ja

Immer was los, ständig etwas zu tun, das ist die Welt des Handels. Was für uns unbedingt dazugehört: gemeinsam anpacken, offen miteinander reden, voneinander lernen und den Spaß am Erfolg gemeinsam erleben. Du hast deinen Schulabschluss (bald) in der Tasche, willst zeigen, was in dir steckt, und möchtest dich fachlich und persönlich weiterentwickeln? Dann starte mit jeder Menge Möglichkeiten für deine berufliche Zukunft – mit einer Ausbildung, der Teilnahme an unserem Abiturientenprogramm oder mit einem dualen Studium bei Lidl.

Lidl lohnt sich.
Lidl ist eines der erfolgreichsten Unternehmen im Lebensmitteleinzelhandel – und hat als Arbeitgeber viel zu bieten. Du wirst bestens betreut, findest tolle Perspektiven, viel Abwechslung und Freiraum zu wachsen. Und auch deine Bezahlung kann sich sehen lassen. Wir freuen uns auf dich und deinen Start im Verkauf, in der Logistik oder in unserer Verwaltung!

Mache unseren Interessentest auf
jobs.lidl.de/schueler
und finde heraus, welcher Berufseinstieg am besten zu dir passt!

Jetzt bewerben auf: **jobs.lidl.de**

Dein Typ ist gefragt ...

Maritim Hotel Bonn
Kurt-Georg-Kiesinger-Allee 1
53175 Bonn

Ansprechpartnerin: Sandra Rautenberg
Tel.: 0228 8108-856
E-Mail: personalabteilung.bon@maritim.de

www.karriere.maritim.de

Beschäftigte: 5.188 national
Auszubildende: 1.000 national

Ausbildung:
Hotelfachmann (m/w/d)**/***
Koch (m/w/d)*/**/***
Restaurantfachmann (m/w/d)**/***

Praktika: ja
Jobs für Studierende: ja
Trainee: ja

Starte Deine erfolgreiche Berufskarriere bei Deutschlands bekannter Hotelkette mit Standorten in vielen attraktiven Städten und Ferienregionen im In- und Ausland. Begleite unsere Expansion in die aufregendsten Plätze der Welt und freue dich auf einen soliden Arbeitsplatz und hohe Aufstiegschancen. Dein beruflicher Werdegang wird durch die erstklassigen Angebote der Maritim Akademie gefördert. Unsere MitarbeiterInnen können sich zudem auf eine umfangreiche soziale Sicherung verlassen.

Die Ausbildung bei Maritim ist sehr abwechslungsreich, richtet sich nach den Vorgaben der IHK und fördert deine fachliche und soziale Kompetenz. Wir bieten vielfältige Schulungsangebote innerhalb unserer Hotels und richten einmal jährlich mit dem „Maritim Azubi Pokal" einen konzernweiten Ausbildungswettbewerb aus, welcher in der Hotellerie-Branche aufmerksam verfolgt wird. Unser inhabergeführtes Familienunternehmen, die tief verwurzelte Tradition und unsere individuellen Betriebe haben eines gemeinsam: den familiären Umgang, die hohe Verantwortung gegenüber unserem Nachwuchs und natürlich die Freude an klassischer Hotellerie.

Teile dein Engagement mit uns und werde Teil eines erfolgreichen Teams.

Werde Teil der größten Hotel-Familie der Welt!

Bonn Marriott Hotel
Platz der Vereinten Nationen 4
53113 Bonn

Tel.: 0228 2805-0501
www.wccbhotel.com

Ansprechpartnerin: Antje Held
E-Mail: recruiting@wccbhotel.com

Beschäftigte: 100 Mitarbeiter
Auszubildende: 20 – 25

Ausbildung:
Hotelfachmann/-frau**/***
Koch/Köchin**/***

Praktika: ja

Spektakulär, vielfältig und geschichtsträchtig – das ist das Bonn Marriott Hotel.

Spektakulär ist es, weil wir in unserer 17. Etage mit dem „Konrad's" und der „Konrad's Sky Bar" eine absolut einzigartige Aussicht bieten. Vielfältig ist es durch unsere 336 Zimmer und Suiten, vier Tagungsräume sowie drei Private-Dining-Rooms, dem direkt angebundenen GOP Varieté-Theater und unseren großen SPA- & Wellnessbereich. Geschichtsträchtig ist es, weil unser Haus mitten im ehemaligen Regierungsviertel steht.

Darf es ein bisschen mehr sein?
Bei uns wird Dein Gehalt „optimiert".

Wir fördern Deine Weiterentwicklung, Dein Können und führen regelmäßig Mitarbeitergespräche.

Du, Deine Freunde und Deine Familie können weltweit in den Marriott Hotels zu vergünstigten Konditionen übernachten.

Das ist natürlich noch nicht alles – lass Dich überraschen!

Die größte Hotelkette der Welt bietet Dir ideale Möglichkeiten für eine internationale Karriere. Zögern gilt nicht!

Polizeibeamter/ Polizeibeamtin in NRW

Polizeipräsidium Bonn
Königswinterer Straße 500
53227 Bonn

Tel.: 0228 15-2280
www.genau-mein-fall.de

Ansprechpartner: Harald Schellhase

E-Mail:
Personalwerbung.bonn@polizei.nrw.de

Duales Studium:
Polizeivollzugsdienst (gehobener Dienst)
in NRW***

Voraussetzung:
Abitur, volle Fachhochschulreife oder
berufliche Qualifikation

Unsere Berufsberater informieren Sie persönlich über den Beruf, die Bewerbung, das
Auswahlverfahren und das Studium.

Sie sind offen für außergewöhn-
liche Aufgaben? Sie suchen die
Herausforderung in einem staatlichen
Unternehmen, das für Recht und Ge-
setz, Gleichberechtigung, Offenheit,
Verantwortung, Verlässlichkeit und
Vertrauen steht?

Polizeibeamtinnen und Polizeibeamte
• sind Allround-Profis,
• arbeiten im Team,
• sind stets ansprechbar,
• sorgen für Recht und Gesetz,
• halten sich körperlich fit.

Polizeibeamtin oder Polizeibeamter zu
sein bedeutet, ein hohes Maß an Verantwortung für die Sicherheit der Bür-
gerinnen und Bürger zu übernehmen.

Interessiert?
Dann bewerben Sie sich für
Ihr Studium bei uns.

Komm jetzt zur etwas anderen Bank!

Gesucht:
Azubi auf dem
Karriere-Sprung.

Auszubildende: über 360 pro Jahr

Ausbildung:
(weitere Berufsbilder an anderen Standorten)

Bankkaufmann/-frau (m/w/d)**/***
Kaufmann/-frau (m/w/d)
für Büromanagement**/***

Duales Studium:
Betriebswirtschaftslehre (B. Sc.)***

Praktika: für Studierende ca. 100 pro Jahr
Bachelor-/Masterarbeiten: nach Absprache

Wir suchen Azubis und dual Studierende, die mit viel Wissensdurst und noch mehr Hunger auf spannende Aufgaben ins Berufsleben starten wollen, die unseren rund 13 Millionen Privatkunden jeden Tag beweisen, dass sie bei einer Bank sind, bei der jeder Einzelne wichtig ist – digital und persönlich. Wir suchen Talente, die Spaß am Lernen haben und ihre Kolleginnen und Kollegen sowie unsere Kunden jeden Tag begeistern wollen.

Unser Ausbildungskonzept verfolgt das Ziel, dich bereits frühzeitig auf eigenverantwortliches Handeln und Entscheiden vorzubereiten, denn darin sehen wir die Voraussetzungen für Motivation und Freude an der Arbeit. Dies erreichen wir durch eine intensive, praktische Ausbildung, kombiniert mit Workshops und Trainings sowie mit themengebundenen Lern- und Projektaufträgen. So stellen wir die fachliche und persönliche Entwicklung unserer Auszubildenden sicher.

Du bist auch auf dem Karrieresprung? Dann sollten wir uns unbedingt kennen lernen.

Ausbildungsbetriebe

Produktion, Lagerung oder Administration – bei uns gibt es Vielfalt!

Rabenhorst –
Haus Rabenhorst O. Lauffs GmbH & Co. KG
Rabenhorststraße 1
53572 Unkel

Tel.: 02224 1805100

www.haus-rabenhorst.de
www.rabenhorst.de

Ansprechpartnerin: Jessica Theis
E-Mail: azubi@rabenhorst.de

Beschäftigte: 150
Auszubildende: 6 pro Jahr

Ausbildung:
Fachinformatiker/in
– Systemintegration**/***
Fachkraft für Fruchtsafttechnik**/***
Fachkraft für Lagerlogistik*/**
Industriekaufmann/-frau**/***
Maschinen- und Anlagenführer/in
für Lebensmitteltechnik*/**
Mechatroniker/in**/***

Praktika: ja

Die über 200-jährige Unternehmenstradition nahm 1805 ihren Anfang. Pfarrer Lauffs gründete das Familienunternehmen damals als Weingut.

Rund 93 Jahre später gelingt der Familie ein Clou: Sie pasteurisieren Traubensaft und bieten ihn erfolgreich als „alkoholfreien" Wein an. Das Angebot von haltbaren Säften galt 1898 als Weltneuheit – und bildete das Fundament für den hochspezialisierten Hersteller erstklassiger Säfte.

Das Haus Rabenhorst ist ein traditionsreiches Unternehmen der Nahrungsmittelindustrie mit hohen Qualitäts- und Umweltstandards. Mit den bekannten Marken Rabenhorst und Rotbäckchen zählt es zu den wachstumsstärksten Unternehmen der deutschen Fruchtsaftindustrie.

Unsere Marken:

Wir gestalten Zukunft. Deine Zukunft.

Ausbildungsbetriebe

SGL Carbon GmbH
Drachenburgstrasse 1
53170 Bonn

Tel: 0228 841-0
www.sglcarbon.com

Ansprechpartnerin: Anika Ouhaj-Kelly
Tel.: 0228 841-254
E-Mail: anika.ouhaj-kelly@sglcarbon.com

Beschäftigte: 850
Auszubildende: 48 insgesamt
13 – 14 pro Jahr

Ausbildung:
Industriekaufmann (m/w/d)**/***
Fachinformatiker (m/w/d)**/***
Prüftechnologe Keramik (m/w/d)**/***
Industriemechaniker (m/w/d)*/**/***
Zerspanungsmechaniker (m/w/d)*/**/***
Maschinen-
und Anlagenführer (m/w/d)*/**/***

Praktika: ja
Jobs für Studierende: ja
Bachelor-/Masterarbeiten: ja

Great Start!

Great Place To Work.
Ausgezeichneter Ausbildungsbetrieb
7/18 - 6/19

Wir sind führend in der Entwicklung und Herstellung von Produkten auf der Basis von Carbon, Graphit, Carbonfasern und Verbundwerkstoffen. Mit unserem umfassenden technologischen Wissen über das Material und seine Anwendungen leisten wir unseren Beitrag zu den großen Zukunftsthemen Mobilität, Energie und Digitalisierung. In enger Partnerschaft mit unseren Kunden entwickeln wir intelligente, richtungsweisende und nachhaltige Lösungen mit weitreichendem Nutzen. Wir nennen es „Smart Solutions". SGL Carbon hat weltweit 4.200 Mitarbeitende und verfügt über 32 Produktionsstandorte in Europa, Nordamerika und Asien sowie ein Servicenetzwerk in über 100 Ländern.

Unser Versprechen:
Teamgeist, Stabilität und Fairness sind uns wichtig. Wir bieten Dir eine abwechslungsreiche und zukunftsorientierte Ausbildung mit individueller Förderung, sowie Sozialleistungen und eine attraktive Ausbildungsvergütung.

Bewirb Dich online unter:
www.sglcarbon.com/karriere/ausbildung

49

Wir freuen uns auf Ihre Bewerbung!

Universitätsklinikum Bonn
GB1 Personalwesen
Abteilung 1.3 Personalentwicklung
Sigmund-Freud-Straße 25 · 53127 Bonn
www.ukbonn.de

Ansprechpartner für Ausbildung:
Gerrit Klemm
Tel.: 0228 287-15816
E-Mail: ausbildung@ukbonn.de

Ansprechpartner für Pflegeausbildungen:
Sebastian Nies, M. A.
Tel.: 0228 287-15037
E-Mail: sebastian.nies@ukbonn.de

Das Universitätsklinikum Bonn ist ein Krankenhaus der Maximalversorgung mit 1.224 Planbetten. Unsere derzeit fast 8.000 Mitarbeiter/innen übernehmen Aufgaben in Forschung, Lehre und Krankenversorgung, einschließlich Hochleistungsmedizin, sowie im öffentlichen Gesundheitswesen auf höchstem Niveau.

Das UKB bildet jährlich in seinen Ausbildungsstätten ca. 500 Schüler/innen in den Schulen für Gesundheits- und (Kinder-)Krankenpflege, Gesundheits- und Krankenpflegeassistenz, der operationstechnischen Assistenz, in den Lehranstalten für medizinisch-technische Laboratoriumsassistenten/-innen, für medizinisch-technische Radiologieassistenten/-innen und Orthoptisten/-innen aus.

Gleichzeitig bietet das UKB auch Berufe im gewerblich-technischen und kaufmännischen Bereich an.

Ausbildung:

Gesundheitswesen
Anästhesietechnische/r Assistent/in**/***
Gesundheits-
und Kinderkrankenpfleger/in**/***
Gesundheits-
und Krankenpflegeassistent/in*/**/***
Gesundheits- und Krankenpfleger/in**/***
Hebamme/Entbindungspfleger**/***
HNO-Audiologieassistent/in**/***
Medizinisch-technische/r
– Laboratoriumsassistent/in**/***
– Radiologieassistent/in*/***
Medizinische/r Fachangestellte/r*/**/***
Operationstechnische/r Assistent/in**/***
Orthoptist/in**/***
Pharmazeutisch-kaufm. Angestellte/r*/***
Zahnmedizinische/r Fachangestellte/r*/**/***

Gewerblich-technischer Bereich
Biologielaborant/in**/***
Elektroniker/in für Betriebstechnik*/**/***
Fachkraft für Lagerlogistik*/**/***
Industriemechaniker/in*/**/***
Mediengestalter/in
für Digital-/Printmedien***
Raumausstatter/in*/**/***
Tierpfleger/in in Forschung und Klinik*/**/***
Tischler/in*/**/***

Kaufmännischer Bereich
Kaufmann/-frau
– Büromanagement**/***
– Gesundheitswesen**/***

Duales Studium:
Gesundheit und Pflege (Bachelor)***
Bachelor of Science (B. Sc.) in Midwifery***
Krankenhausmanagement (B. Sc.)***

Beratungsangebot:
Bundesfreiwilligendienst (BFD)*/**/***

Praktika: ja (im Pflegedienst)
        Kaufmännische/r Praktikant/in

#Ausbildung amUKB
#Bewirbdichjetzt

 **WIRTGEN**

Startklar!
Spannende Ausbildung
mit Perspektive

WIRTGEN GmbH
Reinhard-Wirtgen-Straße 2
53578 Windhagen

Ansprechpartner:
Gewerblich-technische Ausbildungsberufe
Boris Becker
Tel.: 02645 131-2817

Kaufmännische Ausbildungsberufe
Petra Weber
Tel.: 02645 131-163

E-Mail: info@wirtgen.de
www.wirtgen.de

Beschäftigte: 1.800
Auszubildende: ca. 35 pro Jahr

Gewerblich-technische Ausbildungsberufe:
Elektroniker/in*/**/***
Fachinformatiker/in*/**/***
Fachkraft für Lagerlogistik*/**
Fachkraft für Metalltechnik*/**/***
Fahrzeuglackierer/in*/**/***
Industrieelektriker/in*/**/***
Industriemechaniker/in*/**/***
Konstruktionsmechaniker/in*/**/***
Technische/r Produktdesigner/in*/**/****
Zerspanungsmechaniker/in*/**/***

Kaufmännische Ausbildungsberufe:
Industriekaufmann/-frau***

Duales Studium:
Maschinenbau***

Praktika: ja
Bachelor-/Masterarbeiten: ja

Ausbildungsbetriebe

Die WIRTGEN GmbH ist ein Unternehmen der WIRTGEN GROUP, einem international tätigen Unternehmensverbund der Baumaschinenindustrie. Zu ihm gehören die fünf renommierten Marken WIRTGEN, VÖGELE, HAMM, KLEEMANN und BENNINGHOVEN mit ihren Stammwerken in Deutschland sowie lokalen Produktionsstätten in Brasilien, China und Indien.

Mit innovativen Produkten und Technologien sowie hochwertigen Dienstleistungen ist die WIRTGEN GmbH Weltmarktführer im Straßenbau, der Straßeninstandsetzung sowie in der Gewinnung von Naturstein und Nutzmineralien.

Die Ausbildung nimmt seit Jahrzehnten einen hohen Stellenwert im Windhagener Unternehmen ein, wo aktuell rund 130 Auszubildende beschäftigt sind. Die Philosophie dabei ist, den Mitarbeitern von morgen durch Einsätze in den Fachabteilungen, im betriebsinternen Unterricht und in interdisziplinären Projekten das Fachwissen praxisnah an die Hand zu geben.

Auf die Plätze, fertig, los! Eine spannende Ausbildung bei der WIRTGEN GmbH wartet – und lernen in einem starken Team.

Starkes Team.
Starke Zukunft.

Ausbildung:
Zollbeamter/-in im mittleren Dienst**/***
Dauer: 2 Jahre
Ablauf:
- Zwei theoretische Ausbildungsabschnitte
  in Rostock, Sigmaringen oder Plessow
- Praktische Ausbildung in den verschiedenen
  Dienststellen deines Hauptzollamtes

Duales Studium:
Zollbeamter/-in im gehobenen Dienst***
Dauer: 3 Jahre
Ablauf:
- Vier Studienabschnitte an der FH Bund in
  Münster (Westfalen)
- Praktische Ausbildung in den verschiedenen
  Dienststellen deines Hauptzollamtes

Ausbildungs-/Studienbeginn: 1. August 2020
Bewerbungsschluss: 30. Sept. 2019

Wir sind Talentsucher. Und du bist wie für uns gemacht. Deinen Schulabschluss hast du so gut wie in der Tasche. Jetzt bist du auf der Suche nach einem starken Arbeitgeber, der dir viele Perspektiven, eine sinnvolle Aufgabe und eine sichere Zukunft bietet? Dann bewirb dich beim Zoll!

Wir

- sind die Wirtschafts- und Einnahmeverwaltung des Bundes,
- bekämpfen organisierte Kriminalität,
- bekämpfen Schwarzarbeit und illegale Beschäftigung,
- schützen die europäische Industrie und den heimischen Arbeitsmarkt,
- stehen für Arten-, Umwelt- und Verbraucherschutz,
- schützen die öffentliche Sicherheit und Ordnung,
- sorgen für soziale Gerechtigkeit,
- denken europäisch und
- freuen uns auf dich!

Besuch uns auch in den sozialen Medien

oder unter:
www.talent-im-einsatz.de

Teil III:

Akademien / Fachschulen / Gap-Year

Auf den folgenden Seiten sind die Ausbildungsberufe und (dualen) Studiengänge mit ihren vorausgesetzten Schulabschlüssen wie folgt gekennzeichnet:

* = Erster allgemeinbildender Schulabschluss (ESA)
** = Mittlerer Schulabschluss (MSA)
*** = Abitur

Die Bernd Blindow Schulgruppe

Seit über 40 Jahren: schulische Ausbildung, Schulabschlüsse und Studium mit Praxisnähe und hohem fachlichen Anspruch.

Bernd Blindow Gruppe

Bernd-Blindow-Schulen Bonn
Berufsschule für PTA
Plittersdorfer Straße 48
53173 Bonn

Tel.: 0228 934490
E-Mail: bonn@blindow.de
www.blindow.de

DIPLOMA Hochschule
Studienzentrum Bonn
Plittersdorfer Straße 48
53173 Bonn

Tel.: 0228 934495
E-Mail: bonn@diploma.de
www.diploma.de

Ausbildung in Bonn
Pharmazeutisch-technische/r
Assistent/in**/***

Studiengänge in Bonn
Medizinalfachberufe (B.A.)***
Gesundheitsmanagement (B.A.)***
Naturheilkunde und
komplementäre Heilverfahren (B.Sc.)***

Die Bernd-Blindow-Schulen in Bonn haben sich auf den Fachbereich der Gesundheitsfachberufe spezialisiert.

PTA

Mit der 2-jährigen Ausbildung zum/zur staatlich geprüften Pharmazeutisch-technischen Assistenten/-in (PTA) eröffnen die Blindow Schulen in Bonn den Absolventen/-innen weitreichende berufliche Möglichkeiten.

In der PTA-Ausbildung erwerben Sie medizinisches, biologisches und chemisches Basiswissen. Weitere Fächer sind unter anderem Ernährungskunde und Diätetik, Arzneimittelkunde, Botanik und Apothekenpraxis.

DIPLOMA-Studium

Studieren im Fernstudium mit festen Ansprechpartnern. Persönliche Betreuung der Bachelor-Studierenden auf ihrem Weg zu einem vollgültigen, akademischen Studienabschluss im Fernstudium. Für die Fernstudierenden finden an ca. 12 – 14 Samstagen pro Semester Vorlesungen statt, bei denen die Studieninhalte des Fernstudiums vertieft werden.

www.blindow.de
www.diploma.de

bm bildung in medienberufen

SCHOOL OF GAMES

Unser Anliegen: Ihr Erfolg in der Medien- und Gamesbranche

bm – gesellschaft für bildung in medienberufen mbh
Sachsenring 79 · 50677 Köln

Tel.: 0221 78970-138
www.medienberufe.de
Ansprechpartnerin: Zülfiye Emirdagli
E-Mail: zukunft@medienberufe.de

Ausbildung Berufskolleg [1]:
Gestaltungstechnische/r Assistent/in[**]
Informationstechnische/r Assistent/in[**]
Kaufmännische/r Assistent/in
– Event, Marketing und Psychologie[**]
Ausbildung Berufsakademie [2]:
Media Creation
+ Mediengestalter/in Bild und Ton (IHK)[***]
Media Design
+ Mediengestalter/in Digital und Print (IHK)[***]
Media Online Management
+ Kaufleute für Marketingkommunikation (IHK)[***]
Event/Live Communication
+ Veranstaltungskaufleute (IHK)[***]
Digital Management
+ Kaufleute im E-Commerce (IHK)[***]

School of Games [3]:
Game Artist
+ Mediengestalter/in Digital und Print (IHK)[***]
Game Business
+ Kaufleute für Marketingkommunikation (IHK)[***]
Game Programmer + Fachinformatiker/in
Anwendungsentwicklung (IHK)[***]

Duales Studium [4]:
Grafikdesign + Visuelle Kommunikation (B. A.)
und Mediengestalter/in Digital und Print (IHK)[***]
Journalismus + Unternehmenskommunikation (B. A.)
und Mediengestalter/in Bild und Ton (IHK)[***]
Medien- und Eventmanagement (B. A.)
und Kaufleute für Marketingkommunikation (IHK) oder Veranstaltungskaufleute (IHK)[***]
Wirtschaftspsychologie (B. A.) und
Kaufleute für Marketingkommunikation (IHK)[***]

Vorraussetzungen:
[1] 16 Jahre und mindestens Fachoberschulreife
[2] 18 Jahre und mindestens Fachoberschulreife
[3] 18 Jahre und mindestens Fachabitur, Abitur
[4] 18 Jahre und mindestens volles Fachabitur

Die bm-bildung in medienberufen gmbh ist einzigartiger Anbieter beruflicher Aus- und Weiterbildungen mit IHK-Abschlüssen sowie von staatlichen Berufsabschlüssen plus Fachabitur in der Medien- und Gamesbranche. Seit über 20 Jahren bringt der Kölner Bildungsträger junge Talente auf ihren beruflichen Erfolgsweg. Das Bildungsangebot reicht von gestalterischen über technische bis hin zu kaufmännischen Berufsausbildungen, die fundiertes Wissen mit praktischem Know-how kombinieren.

Seit 2015 bietet die bm, mit der School of Games, europaweit einmalige Games-Ausbildungen mit anerkannten IHK-Abschlüssen an. Der innovativen und wachstumsstarken Games-Branche liegt ein optimales Fundament zugrunde, auf dem unterschiedliche Geschäftsmodelle aufbauen: Von der Automobilbranche über den Einzelhandel, die Medizin bis hin zum Tourismus erhalten Serious-Games-Anwendungen einen neuen Stellenwert im Bereich der Produktvermarktung und Informationsvermittlung. Daher werden Game Artists, Game Programmer und Game-Business-Experten auch in klassischen Wirtschaftszweigen händeringend gesucht.

Projektarbeiten, Fachvorträge und Bewerbungscoaching durch das bm-Career Center runden die fundierten Ausbildungen optimal ab.

Akademien / Fachschulen / Gap-Year

IB Medizinische Akademie

IB Hochschule

IB Medizinische Akademie – Gesundheit hat Zukunft. Wir haben die Ausbildung.

IB Medizinische Akademie
Staatlich anerkannte Schule für
Ergotherapie
Justus-von-Liebig-Straße 18
53121 Bonn

Tel.: 0711 6454-530
www.ib-med-akademie.de
E-Mail: info@ib-med-akademie.de
facebook: fb.me/MedAkBonn

IB Hochschule
Studienzentrum Köln
Schönhauser Straße 64
50968 Köln

Tel.: 030 2593092-20
www.ib-hochschule.de
E-Mail: info@ib-hochschule.de

Ausbildung:
Ergotherapeut/in*/**/***

Studium:
Angewandte Therapiewissenschaft –
Ergotherapie, Logopädie, Physiotherapie***

Warum entscheiden sich junge Menschen für eine Ausbildung im sozial-medizinischen Bereich? Diese Berufe sind abwechslungsreich, fachlich anspruchsvoll und verantwortungsvoll. Und die Berufsaussichten sind im rasant wachsenden Gesundheitsmarkt gesichert. An unseren Schulen bieten wir fundierte, staatlich anerkannte Ausbildungen auf hohem Niveau, die Theorie und Praxis miteinander verknüpfen. Der Unterricht wird durch erfahrene Therapeuten und Ärzte durchgeführt. Neben den Ausbildungen bieten wir an vielen Standorten die Möglichkeit, berufliche Schulabschlüsse zu erwerben. Besonders attraktiv ist das ausbildungsbegleitende Studium, welches ganz neue Perspektiven eröffnet.

Die **IB Medizinische Akademie** bietet seit 40 Jahren mit inzwischen 90 Schulen an 24 Standorten deutschlandweit ein breites Spektrum an Aus- und Weiterbildungen in den Berufen des Sozial- und Gesundheitswesens an. Die **IB Hochschule** bietet neben Vollzeitstudiengängen auch berufs- oder ausbildungsbegleitende Studiengänge in Gesundheitswissenschaften, pädagogischen und sozialwissenschaftlichen Fachbereichen an. Standorte der IB Hochschule sind Berlin, Hamburg, Köln, München und Stuttgart.

Praxisnah & kreativ: Studieren am SAE Institute

SAE Institute GmbH
Carlswerkstraße 11 c
51063 Köln

Tel.: 0221 58875820
Mobil: 0176 42024935
www.sae.edu

Bildungsberater & Ansprechpartner:
Thomas Lehmann
E-Mail: bildungsberatung.koeln@sae.edu

Fachrichtungen:
Audio Engineering**/***
Digital Film Production**/***
Game Art & 3D Animation**/***
Games Programming**/***
Media Production & Publishing**/***
Music Business**/***
Visual FX & 3D Animation**/***
Webdesign & Development**/***

Abschlüsse:
Bachelor of Arts/Science [2]
Master of Arts [1] [2]
SAE Diploma

W enn du eine Leidenschaft für Filme, Musik, Computerspiele, Animationen oder Webseiten hast und dich für ein Studium in der Medienbranche interessierst, ist dir die SAE sicherlich ein Begriff. Schließlich zählt sie zu den weltweit führenden Ausbildern für Medien- und Kreativberufe und bietet international anerkannte Bachelor- und Masterabschlüsse in den Bereichen: Audio & Music, Film & Animation, Game Art & Programming sowie Web & X-Media.

Theoretisch kannst du überall studieren. Praktisch nur bei uns.

Würdest du die MitarbeiterInnen am Campus fragen, was die SAE so besonders macht, bekämst du als Antwort: „Die Praxis!" Denn so vielfältig und facettenreich unsere Studiengänge auch sind, sie alle orientieren sich an deinem späteren Berufsalltag. Aus diesem Grund sammelst du an der SAE nicht nur theoretisches Fachwissen, sondern vor allem viel praktische Erfahrung. Mit einem Praxisanteil von über 70 % kannst du das Gelernte direkt anwenden und dauerhaft verinnerlichen.

Akademien / Fachschulen / Gap-Year

1) In Kooperation mit der Folkwang Universität, Essen.
2) In Kooperation mit der Middlesex University, London.

Was ist ein duales Studium?

Bei einem dualen Studium werden regelmäßige praktische Erfahrungen in einem Betrieb mit einem Studienabschluss an einer Hochschule oder Berufsakademie verknüpft. Zeiten im Unternehmen wechseln sich mit Studienphasen meist im gleichen Rhythmus ab.

Es gibt zwei geläufige Studienmodelle für Berufsstarter*innen: das duale Studium entweder mit integrierter Berufsausbildung oder kombiniert mit einem Langzeitpraktikum. Meist absolvieren dual Studierende eine staatlich anerkannte Ausbildung und schließen zugleich einen Bachelor ab. Es gibt aber auch die Variante, bei der die Praxisphase in Form eines Langzeitpraktikums erfolgt – in diesem Fall also ohne integrierte Ausbildung, aber mit einem Studienabschluss.

Bei einem dualen Studium mit integrierter Berufsausbildung zahlt der Betrieb ein Gehalt sowie meist auch die Studiengebühren für die duale Hochschule bzw. die Berufsakademie.

Vorteile:
- Hoher Praxisbezug, Theorie wird gefestigt
- Zeitersparnis: in drei Jahren Bachelor-Titel und ggf. Ausbildung
- Große Chance auf Übernahme
- Finanzieller Vorteil gegenüber einem klassischen Studium ohne Einkünfte

Nachteile:
- Beliebtheit: große Konkurrenz unter den Bewerber*innen
- Ausbildung und Studium in einem sind eine Doppelbelastung
- Ggf. langfristige Bindung an ein Unternehmen
- Kein klassisches Studierendenleben

Weitere Informationen findest du unter:
www.ausbildung.info/duales-studium
www.bibb.de/ausbildungplus/de/index.php
www.duales-studium.de
www.studis-online.de/StudInfo/duales_studium.php

Teil IV:

(Fach-)Hochschulen / Universitäten

EBS ≡ Universität

Kompetenz, Exzellenz, Netzwerk seit 1971.

EBS Universität
Gustav-Stresemann-Ring 3
65189 Wiesbaden

Tel.: 0611 7102-00
www.ebs.edu

Ansprechpartner: Christof Glaser
E-Mail: christof.glaser@ebs.edu

Beschäftigte: 200
Studierende: 2.200

EBS Business School:
- Bachelor in Business Studies (B. Sc.)
- Bachelor in Business Studies –
  International Dual Degree (B. Sc.)

EBS Law School:
Jurastudium (LL. B./Staatsexamen)

Jobs für Studierende: ja
Bachelor-/Masterarbeiten: ja

Die EBS Universität für Wirtschaft und Recht ist eine der führenden privaten Wirtschaftsuniversitäten in Deutschland mit Standorten in Wiesbaden und Oestrich-Winkel.

Im Rahmen ihres betriebswirtschaftlichen und rechtswissenschaftlichen Studiums profitieren derzeit rund 2.200 EBS-Studierende im besonderen Maße von einem Netzwerk aus internationalen Partneruniversitäten, Unternehmen und Alumni.

Die EBS Universität zeichnet sich durch exzellente Forschungsergebnisse verbunden mit einem hohen Anwendungsbezug aus. Mit ihrem Weiterbildungsangebot wendet sich die EBS Universität an ambitionierte Fach- und Führungskräfte aus der Wirtschaft.

Seit Juli 2016 ist die EBS Universität Teil des gemeinnützigen Stiftungsunternehmens SRH und unterstreicht damit auch ihr soziales und gesellschaftliches Engagement. Gemeinsames Ziel ist es, die EBS Universität als exzellente Bildungseinrichtung zu stärken und sie auf der Basis von freier Forschung und Lehre weiterzuentwickeln.

Dual Management studieren – Dein Weg Richtung Karriere

EUFH Brühl
Kaiserstraße 6
50321 Brühl

EUFH Neuss
Hammer Landstraße 89
41460 Neuss

EUFH Aachen
Kapuzinergraben 19
52062 Aachen

Tel.: 0800 5673-111
E-Mail: Studienberatung@eufh.de

www.eufh.de

Duales Studium:
General Management (B. A.)
mit den Vertiefungen:
– Finance & Controlling
– Internationales Management
– Marketing, Medien- & Eventmanagement
– Personal- & Wirtschaftspsychologie
Handelsmanagement (B. A.)
Industriemanagement (B. A.)
Logistikmanagement (B. A.)
Wirtschaftsinformatik (B. Sc.)
Wirtschaftsingenieur/in (B. Sc.)

+ Masterstudiengänge

Du interessierst Dich für ein internationales Management-Studium? Parallel möchtest Du aber von Anfang an Praxiserfahrung sammeln? Dann bist Du an der Europäischen Fachhochschule (EUFH) genau richtig.

Kleine Lerngruppen schaffen an der EUFH eine persönliche Studienatmosphäre, in der eine hohe Lerneffizienz und die individuelle Betreuung durch unsere Professoren im Vordergrund stehen. Intensives Soft-Skill-Training und Fremdsprachenunterricht sowie ein mögliches Auslandssemester bereiten Dich darüber hinaus optimal auf eine internationale Karriere vor.

Die EUFH heißt Dich gerne an ihren Standorten in Brühl, Neuss und Aachen willkommen.

Hochschulen

Duales Studium eröffnet beste Chancen auf dem Arbeitsmarkt

Fachhochschule der Wirtschaft (FHDW)
Hauptstraße 2
51465 Bergisch Gladbach

Tel.: 02202 9527-02
www.fhdw.de

E-Mail: info-bg@fhdw.de

Duales Bachelor-Studium (B. A.):

Betriebswirtschaft (B. A.) mit folgenden Schwerpunkten:
- Automotive Management
- Business Management
- Handelsmanagement
- Mittelstandsmanagement
- Steuer- und Revisionswesen
- Tourismus und Eventmanagement
- Vertriebsmanagement

International Business (B. A.)

Wirtschaftsinformatik (B. Sc.) mit folgenden Schwerpunkten:
- Cyber Security
- Data Science
- IT-Consulting
- Mobile Computing
- Software Engineering

Duales Master-Studium (M. A., Teilzeit):

Automotive Management
Business Management
Controlling und Finanzmanagement
IT-Management and Information Systems
Marketing und Vertriebsmanagement

Alle aktuellen Termine findest du auf unserer Homepage.

Dein erster Schritt zur FHDW:
Bitte bewirb dich online unter:
www.fhdw.de

Die FHDW zählt zu den ältesten gemeinnützigen, privaten, staatlich anerkannten Fachhochschulen in Deutschland.

Die private Trägerschaft und die intensiven Kontakte zur Wirtschaft sorgen für eine enge Verzahnung von Theorie und Praxis. Die Praxisorientierung sowie die kleinen Gruppen und die intensive Betreuung durch unsere Dozenten bieten den Studenten ein Studium mit hoch attraktiven Karrieremöglichkeiten.

Unsere Hochschule bietet duale und berufsbegleitende Bachelor- und Master-Studiengänge in Betriebswirtschaft und Wirtschaftsinformatik mit verschiedenen Schwerpunkten an.

Die FHDW in Bergisch Gladbach pflegt intensive Kontakte zu zahlreichen Unternehmen in ganz Deutschland, in denen die Studierenden ihre Praxisphasen verbringen können.

Dadurch erwerben unsere Studierenden schon während des Studiums berufsrelevante praktische Erfahrungen, die sie auf ihr späteres Berufsleben vorbereiten und ihnen Vorteile auf dem Arbeitsmarkt eröffnen.

Fachhochschule des Mittelstands (FHM): Studium mit Perspektive!

Bachelor-Studiengänge:
Architektur- &
Immobilienmanagement (B. A.)
Betriebswirtschaft (B. A.)
Digital Business Management (B. A.)
Fashion Design (B. A.)
Fashion Management (B. A.)
Medical Technology & Management (B. A.)
Soziale Arbeit & Management (B. A.)
Sozialpädagogik & Management (B. A.)
Wirtschaftsingenieur
– Schwerpunkt Bauwesen (B. Eng.)
– Schwerpunkt Energie & Umwelt (B. Eng.)
– Schwerpunkt Maschinenbau (B. Eng.)
Wirtschaftsingenieur für Meister,
Techniker & technische Fachwirte (B. Eng.)

Master-Studiengänge:
Innovation & Leadership (M. B. A.)
Mittelstandsmanagement (M. A.)

Praxisnah und kompakt – so gestaltet sich ein Studium an der Fachhochschule des Mittelstands (FHM). Als Hochschule für Medien, Wirtschaft sowie die Bereiche Personal, Gesundheit und Soziales bietet die FHM eine sehr hohe Berufsorientierung, enge Wirtschaftskontakte, kleine Studiengruppen und eine persönliche Lernatmosphäre.

Egal, ob Sie ein Studium im betriebswirtschaftlichen, künstlerisch-kreativen oder sozialen Bereich anstreben: Die FHM bietet Ihnen neben der Vermittlung von Fachwissen auch eine Ausbildung der eigenen Kompetenzen und bereitet Sie insbesondere auf verantwortungsvolle Positionen in den verschiedenen Wirtschaftsbereichen vor. Das Studium beinhaltet eine sechsmonatige Praxisphase, zahlreiche Projekte mit Unternehmen, Gast- und Ringvorlesungen mit Wirtschaftsexperten sowie regelmäßige Exkursionen in spannende Unternehmen.

Nutzen Sie die Möglichkeit und nehmen Sie an einer Informationsveranstaltung, einer Schnuppervorlesung oder einer kostenlosen Summerschool teil! Alle Details hierzu erfahren Sie an unserem Stand. Sie sind noch unschlüssig und möchten sich zunächst unverbindlich beraten lassen? Wir stehen Ihnen gerne für ein individuelles Beratungsgespräch zur Verfügung.

Hochschulen

**Die Hochschule.
Für Berufstätige.**

Studium und Ausbildung kombinieren

FOM Hochschule
Hochschulzentrum Bonn
Joseph-Schumpeter-Allee 23-25
53227 Bonn

Tel.: 0800 1959595 (gebührenfrei)
www.fom.de

E-Mail: studienberatung@fom.de

Bachelor-Studiengänge:
• Business Administration (B. A.)
• Finance & Banking (B. A.)
• International Management (B. A.)
• Marketing & Digitale Medien (B. A.)
• Management & Digitalisierung (B. A.)
• Betriebswirtschaft & Wirtschafts-
  psychologie (B. Sc.)
• Steuerrecht (LL. B.)
• Wirtschaftsrecht (LL. B.)
• Informatik (B. Sc.)
• Wirtschaftsinformatik (B. Sc.)
• Wirtschaftsinformatik
  - Business Information Systems (B. Sc.)
• Soziale Arbeit (B. A.)

Beste Startchancen für Ihr Berufsleben sichern Sie sich mit dem dualen Studium an der FOM Hochschule. Kombinieren Sie eine Ausbildung, ein Praktikum, ein Traineeship oder ein Volontariat im Unternehmen mit einem Bachelor-Studium. So sammeln Sie Berufserfahrung, erreichen Ihren Hochschulabschluss, verdienen eigenes Geld und werden zur attraktiven Nachwuchskraft.

Wie funktioniert das duale Studium?

Duales Modell wählen
Neben der klassischen Ausbildung gibt es heute viele Möglichkeiten für den Berufseinstieg im Unternehmen. Sehr gefragt sind Traineeprogramme, Praktika oder Volontariate. An der FOM Hochschule können Sie alle vier Ausbildungsmodelle mit dem Studium kombinieren.

Studiengang aussuchen
Von BWL und IT über Psychologie und Gesundheit bis Ingenieurwesen und Recht – mit über 20 Bachelor-Studiengängen bietet Ihnen die FOM Hochschule ein breit gefächertes Themenspektrum. Wählen Sie den Studiengang, der zu Ihnen und Ihren Zukunftsplänen passt.

Liebe Schülerinnen und Schüler, liebe Studieninteressierte,

HEINRICH HEINE
UNIVERSITÄT DÜSSELDORF

Heinrich-Heine-Universität Düsseldorf
Studierenden Service Center
Gebäude 21.02
Universitätsstraße 1
40225 Düsseldorf

Tel.: 0211 8112345
www.hhu.de/studieninteressierte
E-Mail: studierendenservice@hhu.de

Studium (Fächerübersicht):
Anglistik und Amerikanistik
Antike Kultur
Betriebswirtschaftslehre
Biochemie
Biologie
Chemie
Computerlinguistik
Finanz- und Versicherungsmathematik
Germanistik
Geschichte
Informatik
Jiddische Kultur, Sprache und Literatur
Jüdische Studien
Kommunikations- und Medienwissenschaft
Kunstgeschichte
Linguistik
Mathematik und Anwendungsgebiete
Medien- und Kulturwissenschaft
Medizin
Medizinische Physik
Modernes Japan
Musikwissenschaft
Pharmazie
Philosophie
Physik
Politikwissenschaft
PPE - Philosophy, Politics and Economics
Psychologie
Rechtswissenschaft/Jura
Romanistik
Sozialwissenschaften
Soziologie
Transkulturalität - Medien, Sprachen, Texte
in einer globalisierten Welt
Volkswirtschaftslehre
Wirtschaftschemie
Zahnmedizin

Ihr seid herzlich willkommen an der Heinrich-Heine-Universität Düsseldorf! Wir sind offen für eure Fragen – zehn Stunden am Tag. Von 8 bis 18 Uhr könnt ihr euch – ganz ohne Terminabsprache – in unserem Studierenden Service Center, Gebäude 21.02, über die mehr als 70 Studiengänge (Bachelor, Master und Staatsexamen) informieren, die euch im Angebot der HHU zur Verfügung stehen.

Wir möchten euch gerne Orientierung bieten und all die Fragen beantworten, die euch beim Wechsel von der Schule zur Hochschule beschäftigen: Wie lange dauert ein Studium? Welche Berufsmöglichkeiten habe ich? Wie hoch ist derzeit der NC? Was gibt es für Finanzierungsmöglichkeiten? Kann ich während meines Studiums ins Ausland? Wie viele Wohnheimplätze stehen zur Verfügung und was bietet der Hochschulsport?

Vielleicht habt ihr auch Lust dazu, vorab in einem Hörsaal eine Vorlesung zu besuchen, die Dozenten/Dozentinnen eures Studienfaches zu interviewen, in der Mensa zu essen und die Bibliothek von innen zu sehen? Schreibt uns einfach eine E-Mail (studierendenservice@hhu.de) oder ruft uns an (Tel.: 0211 8112345). Wir freuen uns auf euch!

Hochschulen

**Hochschule
Bonn-Rhein-Sieg**
University of Applied Sciences

Kooperatives Studium – Das Beste aus zwei Welten

Hochschule Bonn-Rhein-Sieg
Grantham-Allee 20
53757 Sankt Augustin
www.h-brs.de

Allgemeine Studienberatung:
Tel.: 02241 865-9656
E-Mail: studienberatung@h-brs.de
www.h-brs.de/asb

Elektrotechnik:
Prof. Dr.-Ing. Ingo Groß
Tel. 02241 865-376
E-Mail: ingo.gross@h-brs.de

Maschinenbau:
Prof. Dr.-Ing. Klaus Wetteborn
Tel. 02241 865-354
E-Mail: klaus.wetteborn@h-brs.de

Nachhaltige Ingenieurwissenschaft:
Prof. Dr.-Ing. Dieter Franke
E-Mail: dieter.franke@h-brs.de

**Fachbereich Elektrotechnik, Maschinenbau
und Technikjournalismus (EMT):**
www.h-brs.de/emt

Duale (kooperative) Studiengänge:
Elektrotechnik (B. Eng.)
Maschinenbau (B. Eng.)
Nachhaltige Ingenieurwissenschaft (B. Eng.)

Weitere Studiengänge in den Fächergruppen:
Angewandte Naturwissenschaften
Elektrotechnik
Informatik
Journalismus und Kommunikation
Maschinenbau
Nachhaltige Ingenieurwissenschaft
Sozialpolitik und Soziale Sicherung
Technikjournalismus/PR
Visuelle Technikkommunikation
Wirtschaftswissenschaften

Es stehen anschlussfähige Masterprogramme
für alle Bachelorstudiengänge zur Verfügung.

Sie möchten studieren? Oder vielleicht doch lieber eine Ausbildung machen? Beim Kooperativen Studium an der Hochschule Bonn-Rhein-Sieg machen Sie einfach beides!

Sie erlernen einen Beruf in der Praxis und ergänzen zugleich Ihr Wissen durch ein vollständiges (Bachelor-) Studium der Elektrotechnik, des Maschinenbaus oder der Nachhaltigen Ingenieurwissenschaft. Dank einer angemessenen Vergütung können Sie sich vom ersten Tag an voll auf die Lerninhalte konzentrieren. Nach 9 Semestern haben Sie den IHK-Facharbeiterbrief und das Bachelorzeugnis der Hochschule Bonn-Rhein-Sieg in der Tasche.

Im ersten Jahr befinden Sie sich im Rahmen Ihrer Ausbildung im Ausbildungsbetrieb. Nach dem ersten Jahr beginnen Sie parallel an der Hochschule Bonn-Rhein-Sieg (in Vollzeit) zu studieren. Das Studium entspricht dabei 1:1 dem regulären Bachelorstudium. Nach insgesamt zweieinhalb Jahren beenden Sie Ihre Ausbildung mit der IHK-Abschlussprüfung. Sie studieren danach regulär bis zum Studienabschluss weiter, wobei die vorlesungsfreien Zeiten, das Praxissemester und die Abschlussarbeit im Ausbildungsbetrieb absolviert werden.

H B K

Hochschule der bildenden Künste Essen

Künstler fallen nicht vom Himmel. Kunst und Design studieren in Essen!

Hochschule der bildenden Künste (HBK) Essen
Prinz-Friedrich-Straße 28 A
45257 Essen

Tel.: 0201 5456-110
www.hbk-essen.de

Ansprechpartnerin: Anna Rohrbach
E-Mail: anna.rohrbach@hbk-essen.de

Studiengänge
Bachelor of Fine Arts (B. F. A.):
Bildhauerei/Plastik (B. F. A.)
Fotografie/Medien (B. F. A.)
Malerei/Grafik (B. F. A.)

Studiengänge Bachelor of Arts (B. A.):
Digital Media Design (B. A.)[1]
Game Art and Design (B. A.)[1]
Produktdesign (B. A.)[1]

Studienbeginn:
Sommersemester (April)
Wintersemester (Oktober)

1) befindet sich im Akkreditierungsprozess, Studienstart Wintersemester 2019/2020

Kreativität ist etwas, das in unserer schnelllebigen Gesellschaft mehr und mehr gebraucht wird. Die HBK Essen ist ein Ort des kreativen Schaffens und der künstlerischen Ausbildung.

Die staatlich anerkannte, private Kunsthochschule im Herzen des Ruhrgebiets bietet die Studiengänge Bildhauerei/ Plastik, Fotografie/Medien und Malerei/Grafik im Bereich der freien Kunst mit dem Abschluss Bachelor of Fine Arts (B. F. A.) an. Die Studiengänge sind mit dem Ziel einer praxisorientierten Ausbildung fachgebietsbezogen konzipiert und ausgerichtet. Ein kunstwissenschaftliches Begleitstudium und Seminare zu Management und Professionalisierung der künstlerischen Arbeit runden das Studium ab.

Zum Wintersemester 2019/2020 ist eine Erweiterung des Studienangebotes um die drei Design-Studiengänge Digital Media Design, Game Art and Design sowie Produktdesign mit dem Abschluss Bachelor of Arts (B. A.) geplant.

Wie bewerbe ich mich für ein Kunst- oder Designstudium? Worum geht es in den Studiengängen? Wer ist geeignet? Diese und weitere Fragen beantwortet die HBK Essen gern!

Hochschulen

Studium der nächsten Generation

Hochschule Fresenius
Im MediaPark 4 c
50670 Köln

Tel.: 0800 3400-400
E-Mail:
bewerbermanagement@hs-fresenius.de

www.hs-fresenius.de

Bachelor-Studiengänge:

Psychologie & Wirtschaftspsychologie
Psychologie (B. Sc.)
Wirtschaftspsychologie (B. Sc.)

Wirtschaft & Management
Betriebswirtschaftslehre (B. A.)
Immobilienwirtschaft (B. A.)
International Business (B. A.)
Wirtschaftsrecht (LL. B.)

Medien
Medien-
& Kommunikationsmanagement (B. A.)

Sport & Tourismus
Sportmanagement (B. A.)
Tourismus-, Hotel-
& Eventmanagement (B. A.)

IT, Mobilität & Technologie
Automotive & Mobility Management (B. Sc.)
Digital Business Management (B. A.)

Die Arbeitswelt wird immer digitaler, der demographische und gesellschaftliche Wandel schreiten voran, die Anforderungen an Fachkräfte steigen. Die Hochschule Fresenius begleitet diese Entwicklungen und konzipiert für Sie eine moderne Lehre. Studieren Sie bei uns in innovativen Studiengängen und neuen -formaten.

Das Studium ist eine besondere Zeit, in der die Grundlagen für den beruflichen Erfolg und eine starke Persönlichkeit gelegt werden. Als private Hochschule bieten wir eine hohe Qualität der Lehre, einen starken Praxisbezug und individuelle Förderung. Wichtige interkulturelle Kompetenzen erwerben Sie z. B. in integrierten Auslandssemestern. Projektarbeiten, Praktika und Kontakte zu mehr als 500 Kooperationspartnern erleichtern Ihnen den Jobeinstieg.

Next Generation University.
Since 1848.

Bachelor in Life Sciences

n|w Fachhochschule Nordwestschweiz
Hochschule für Life Sciences

Hochschule für Life Sciences FHNW
Hofackerstrasse 30
4132 Muttenz
Schweiz

Tel.: +41 61 2285577
www.fhnw.ch/lifesciences

Ansprechpartner: Prof. Dr. Frank Pude
Tel.: +41 61 2285443
E-Mail: info.lifesciences@fhnw.ch

Studienrichtungen:

Bioanalytik und Zellbiologie
Chemie
Chemie- und Bioprozesstechnik
Medizininformatik
Medizintechnik
Pharmatechnologie
Umwelttechnologie

Tüfteln, entwickeln und forschen im Bachelor-Studium und die Antworten finden auf die Fragen von morgen. Wollten Sie die Welt schon immer ein kleines bisschen besser machen und interessieren sich für Naturwissenschaften und Ingenieurtechnik?

Dann sind Sie bei uns genau richtig! Wenn Sie bei uns Ihren Bachelor of Science machen, bereiten Sie sich auf eine spannende Zukunft vor, inmitten der europaweit größten Life-Science-Region, in Basel.

Das Studium vermittelt Ihnen das theoretische Grundwissen und mit dem starken Fokus auf die Praxis macht das Studium Sie fit und attraktiv für Arbeitgeber.

Die Life Science Technologies sind an der Schnittstelle zwischen Technologie und den so genannten Lebenswissenschaften anzusiedeln. Im Wesentlichen geht es in diesem Wissenschaftsfeld darum, Erkenntnisse aus den Lebenswissenschaften für die Technik nutzbar zu machen und gleichzeitig die Methoden der Ingenieurwissenschaften in den Lebenswissenschaften einzusetzen.

Molecular Life Sciences stehen bei uns für die wissenschaftlichen Disziplinen Analytik-Bioanalytik, Chemie-Biochemie, Nanotechnologie-Zellbiologie und Ingenieurtechnik-Molekularbiologie.

Hochschulen

Maximal
international studieren

IUBH Internationale Hochschule GmbH
Campus Studies

Campus Bad Honnef
Mülheimer Straße 38
53604 Bad Honnef

Studienberatung
Tel.: 02224 9605-102
E-Mail: studienberatung@iubh.de

www.iubh.de

Englischsprachige
Bachelor-Studiengänge:
Aviation Management (B. A.)
Hospitality Management (B. A.)
International Aviation Management (B. A.)
International Event Management (B. A.)
International Hospitality Management (B. A.)
International Management (B. A.)
International Marketing Management (B. A.)
International Tourism Management (B. A.)
Tourism Management (B. A.)

Master- und MBA-Programme:
• Aviation
• Big Data
• Engineering Project Management
• Finance & Accounting
• Health Care
• Hospitality
• Human Resources
• International Management
• International Business
• Leadership & Management
• Marketing
• Transport & Logistics
• IT Management

Die IUBH Campus Studies bieten englischsprachige Bachelor-, Master- und MBA-Studiengänge im Präsenzmodell.

Internationalität steht hierbei im Fokus: Das Studium ist durchgängig englischsprachig, die Studieninhalte sind auf die Arbeit in einem internationalen Umfeld abgestimmt, und auf dem Campus treffen sich Studierende und Professoren aus über 110 Nationen. Darüber hinaus sind Aufenthalte im Ausland möglich – entweder durch ein Studiensemester oder ein Praktikum. Unsere Professoren und Dozenten legen großen Wert auf die enge Verzahnung von Theorie und Praxis. Schließlich haben die meisten von ihnen selbst langjährige Fach- und Führungserfahrungen auf internationaler Ebene gesammelt – und möchten diese auch weitergeben, zum Beispiel durch Fallstudien, Projekte und Field-Trips zu renommierten Unternehmen.

Maximal
praxisnah studieren

IUBH Internationale Hochschule GmbH
Duales Studium

Campus Bad Honnef
Mülheimer Straße 38
53604 Bad Honnef

Campus Berlin
Rolandufer 13
10179 Berlin

Ansprechpartnerin: Maika Schmidt-Traub
Tel.: 02224 9605-102
E-Mail: bh@iubh-dualesstudium.de

www.iubh-dualesstudium.de

Duale Studiengänge:
Marketing Management (B. A.)
Tourismuswirtschaft (B. A.)

Das duale Studium der IUBH bietet an über 15 Standorten in Deutschland und Österreich Bachelorstudiengänge aus verschiedenen Fachgebieten. Praxisnähe, hohe Qualität in der Lehre und gute Karriereperspektiven – das zeichnet unser duales Modell aus. Im Studium wechselst Du regelmäßig zwischen Theorie am Campus und Praxis in einem Unternehmen und kannst so nach Deinem Studium bereits mehr als drei Jahre Berufserfahrung nachweisen – die perfekte Voraussetzung für Deinen Jobeinstieg. Die Gebühren für das duale Studium übernimmt i. d. R. Dein Praxispartner. Bei der Suche nach einem geeigneten Unternehmen bist Du nicht auf Dich allein gestellt. Wir können aus einem sehr gut ausgebauten Netzwerk schöpfen und kooperieren mit rund 3.000 Praxispartnern. Unsere Studienberatung unterstützt aktiv bei der Vermittlung in ein passendes Unternehmen.

Hochschulen

Das Beste.
Für unsere Studierenden.

Rheinische Fachhochschule Köln
University of Applied Sciences
Schaevenstraße 1 a/b • 50676 Köln
Für allgemeine Fragen:
Tel.: 0221 20302-0
E-Mail: infoservice@rfh-koeln.de
www.rfh-koeln.de

Rheinische Fachhochschule Köln
Standort Neuss
Markt 11 – 15 • 41460 Neuss
Für allgemeine Fragen:
Tel.: 0213173986-0
E-Mail: info@rfh-neuss.eu
www.dual.rhf-koeln.de

Weitere Studienorte in Wermelskirchen,
Schleiden, Bergheim und Geilenkirchen

Standort Köln
(Bachelor-Studiengänge in Vollzeit oder
berufsbegleitend)
Business Administration
Elektrotechnik
Maschinenbau
Mediendesign
Media and Marketing Management
Medizinökonomie
Molekulare Biomedizin
Produktionstechnik
Prozesstechnik
Psychologie
Retail Management
Wirtschaftsinformatik
Wirtschaftsingenieurwesen
Wirtschaftspsychologie
Wirtschaftsrecht

Standort Neuss
(Duale Bachelor-Studiengänge)
Business Administration dual im 3+2-Modell
Logistics & Supply Chain Management (B. Sc.)
Marketing and Communications Management (B. Sc.)
Wirtschaftsingenieurwesen (B. Eng.)

Kleine Seminare mit 20 bis 50 Studierenden, kompakte, kurze Studienverläufe und seminaristische Lehrveranstaltungen zeichnen das Studium an der Rheinischen Fachhochschule Köln aus. Der persönliche und intensive Kontakt zu Professoren und Dozenten ist damit gewährleistet.

Die seit 1971 staatlich anerkannte Hochschule, die von einer gemeinnützigen GmbH (gGmbH) getragen wird, bildet derzeit ca. 6.700 Studierende aus.

Die RFH Köln bietet alle Studiengänge jeweils zum Sommer- (1. März) und zum Wintersemester (1. September) an. Der erfolgreiche Abschluss des Bachelorstudiums ermöglicht den Zugang zu einem unserer Masterstudiengänge. Der Ingenieurbereich wird staatlich refinanziert und somit fallen für diese Studiengänge im Ingenieurwesen keine Studiengebühren an.

Das duale Studium am Standort Neuss bietet Studierenden eine sehr praxisnahe Ausbildung an. Im Rhythmus von jeweils drei Monaten wechseln sich die Vorlesungsphasen in der Hochschule mit den Praxisphasen im Unternehmen ab. Die dualen Studiengänge starten immer zum Wintersemester (1. Oktober).

Checkliste zur Messe-Vorbereitung

❏ Einladung erhalten

❏ Termine	Fragen zu den Terminen und Absagen (bis spätestens 9. Mai 2019) an mareike.wolf@if-talent.de
❏ Vorbereitung	Infos zu den Firmen auf deren Homepages / Infos zu Berufen z. B. unter www.berufskunde.com und www.berufenet.de
❏ Fragen überlegen	z. B. zum Berufsbild, Voraussetzungen, Bewerbung und Aufstiegschancen
❏ Bewerbung schreiben (optional)	Tipps / Entgegennahme von Bewerbungen (Seite 16)
❏ Was muss ich mitnehmen?	Einladung, vorbereitete Fragen, evtl. Bewerbung, Block, Stift, evtl. Proviant
❏ Anfahrt	Stadthalle Bonn-Bad Godesberg, Koblenzer Str. 80, 5317/ Bonn www.stadthalle-bad-godesberg.de/Neue_Dateien/Anreise.html

Auf der vocatium Bonn/Rhein-Sieg I

❏ Der erste Eindruck zählt	Rechtzeitig und in angemessener Kleidung in der Stadthalle Bonn-Bad Godesberg erscheinen.
❏ Termine wahrnehmen	Sprich die Aussteller an, bei denen du Termine hast – du wirst erwartet. Falls du erkrankst, bitte eine*n Mitschüler*in oder deine*n Lehrer*in, dich am Messestand bei den Ausstellern abzumelden. Hast du Alternativtermine erhalten? Nutze auch diese Chance!
❏ Einladung unterzeichnen lassen	Lass dein Gespräch am Ende durch Unterschrift/Stempel bestätigen. Somit kannst du in der Schule deinen vocatium-Messebesuch nachweisen.
❏ Messebescheinigung	Hast du einen sehr guten Eindruck hinterlassen? Dann wird dies von den Unternehmen durch eine Messebescheinigung honoriert (Kriterien siehe Seite 13).
❏ Zeit zwischen den Terminen	Vorträge zur Berufsorientierung auf Seite 17 oder unter www.erfolg-im-beruf.de/fachmessen/vocatium-nordjob
❏ Chancen nutzen	Natürlich kannst du die Aussteller auch spontan ansprechen. Jedes Gespräch kann dich deinem Traumjob näherbringen! Trau dich, du kannst nur dazulernen!
❏ Fragen?	Der vocatium-Infostand befindet sich im Eingangsbereich der Stadthalle Bonn-Bad Godesberg.

Nach der vocatium Bonn/Rhein-Sieg I

❏ Bewerbung	Profitiere von deinem Messebesuch und bewirb dich unter Einhaltung der Bewerbungsfrist bei den Unternehmen, die dich interessieren. Beziehe dich dabei auf das Gespräch auf der vocatium Bonn/Rhein-Sieg I. Hast du bereits auf der Messe eine Bewerbung abgegeben? Dann reiche die noch fehlenden Unterlagen selbstständig nach.

Nach der Schule ins Ausland –
viele Möglichkeiten und immer eine Erfahrung wert

Der Schulabschluss ist erreicht. Bevor du in die Ausbildung oder das Studium startest, kannst du wertvolle Erfahrungen bei einem Auslandsaufenthalt sammeln. Es gibt viele Wege, um die Welt zu entdecken. Auf den folgenden Internetseiten findest du hilfreiche Informationen.

Allgemeine Orientierung:
www.nach-dem-abitur.de
www.rausvonzuhaus.de

Auslandspraktika für Azubis:
www.machmehrausdeinerausbildung.de
www.azubi-mobil.de
www.go-ibs.de
www.dfjw.org
www.dfs-sfa.org
www.arbeiten-und-lernen-in-europa.de
www.ausbildunginternational.de
Kosten: Verpflegung, Reisekosten, Unterkunft etc.
Finanzierung: Erasmus+

Studieren im Ausland:
www.aiesec.de
www.auslandsstudium.net
www.daad.de
www.dfh-ufa.org
www.ieconline.de
www.studieren-in-england.de
www.studieren-in-holland.de
www.studieren-in-spanien.de
www.studieren-in-usa.de
Kosten: evtl. Studiengebühren
Finanzierung: Auslands-BAföG oder Erasmus+

Praktika:
www.ba-auslandsvermittlung.de
www.daad.de
www.praktikum-ratgeber.de/
auslandspraktikum (allgemeine Infos)
Kosten: Vermittlungsgebühr
Finanzierung: abhängig vom Arbeitgeber

Au-pair-Stelle:
www.au-pair-agenturen.de
www.au-pair.com
www.au-pair-society.org
www.guetegemeinschaft-aupair.de
www.iapa.org
Kosten: evtl. Vermittlungsgebühr, Anreise-kosten, Schul- bzw. Studiengebühren
Finanzierung: Taschengeld (freie Unterkunft und Verpflegung)

Freiwilligendienste bzw. Freiwilliges Jahr:
www.bufdi.eu
www.friedensdienste.de
www.go4europe.de
www.ijgd.de
www.webforum-jugend.de
www.weltwaerts.de
www.pro-fsj.de
www.icja.de
www.kulturweit.de
Kosten: teilweise Vermittlungsgebühr, oft Kosten für Hin- und Rückreise
Finanzierung: durch den Freiwilligendienst oder Programme von Bund, Ländern oder der Europäischen Union

Ausbildungsangebote – Auszug

Ausbildungsangebote

Ausbildungsangebote, duale Studienangebote – Auszug

Duale Studienangebote

(Duale) Studienangebote – Auszug

Studienangebote

Studienangebote – Auszug

Studienangebote, sonstige Beratungsangebote – Auszug

Sonstige Beratungsangebote

Die Messen für Ausbildung+Studium
nord**job** **vocatium** 2019 finden statt in:

Messen Nord

6. März	Vorpommern (Stralsund)
19. und 20. März	Kiel
26. und 27. März	Neubrandenburg
7. und 8. Mai	Neumünster
9. und 10. Mai	Flensburg
14. und 15. Mai	Oldenburg/Weser-Ems
15. und 16. Mai	Schwerin
22. und 23. Mai	Unterelbe/Westküste
28. und 29. Mai	Hamburg Nord
4. und 5. Juni	Lübeck
6. und 7. Juni	Bremen
12. und 13. Juni	Lüneburger Heide
18. und 19. Juni	Hamburg Süd
19. und 20. Juni	Rostock
20. Juni	Lingen/Emsland
4. Sept.	Hamburg Ost
24. Oktober	Prenzlau

Messen Mitte/Ost

2. April	Zwickau
3. April	Nordwestbrandenburg
4. April	Harz
9. und 10. April	Region Erfurt
16. und 17. April	Dresden
8. Mai	Frankfurt (Oderregion)
8. und 9. Mai	Braunschweig-Wolfsburg
21. und 22. Mai	Hannover
22. Mai	Lausitz/Niederschlesien
28. und 29. Mai	Leipzig/Halle
5. und 6. Juni	Berlin I
12. und 13. Juni	Kassel
13. Juni	Hildesheim
13. und 14. Juni	Dessau-Roßlau
18. und 19. Juni	Chemnitz
25. und 26. Juni	Magdeburg
27. Aug.	Berlin/Nordwest
27. und 28. Aug.	Region Göttingen
4. und 5. Sept.	Jena/Ostthüringen
10. und 11. Sept.	Potsdam
25. und 26. Sept.	Berlin II

International

19. und 20. Nov.	Wien (Österreich)

Messen West

22. März	Wetzlar
9. und 10. April	Ruhrgebiet/Gelsenkirchen
8. und 9. Mai	Saarbrücken
9. und 10. Mai	Dortmund
14. Mai	Bonn/Rhein-Sieg I
15. und 16. Mai	Köln I
22. und 23. Mai	Gießen
28. und 29. Mai	Rhein-Main
28. und 29. Mai	Mönchengladbach
13. und 14. Juni	Mainz/Wiesbaden
18. und 19. Juni	Duisburg
18. und 19. Juni	Trier
2. und 3. Juli	Ostwestfalen-Lippe (Bielefeld)
9. und 10. Juli	Düsseldorf
10. und 11. Sept.	Region Koblenz
12. und 13. Sept.	Köln II
17. und 18. Sept.	Essen
19. und 20. Sept.	Bonn/Rhein-Sieg II
19. und 20. Sept.	Münsterland
26. und 27. Sept.	Krefeld

Messen Süd

26. und 27. März	Oberbayern-Fürstenfeldbr.
2. und 3. April	München
9. und 10. April	Erlangen
9. Mai	Schweinfurt
14. und 15. Mai	Ostwürttemberg/Aalen
21. und 22. Mai	Rhein-Neckar-Pfalz (Mannheim/Heidelberg)
28. und 29. Mai	Region Augsburg
4. und 5. Juni	Ingolstadt
4. und 5. Juni	Vierländereck (Hof)
25. und 26. Juni	Bodensee (Friedrichshafen)
28. Juni	Sinsheim
2. und 3. Juli	Niederbayern (Landshut)
4. und 5. Juli	Mittelfranken (Nürnberg)
9. und 10. Juli	Unterfranken (Würzburg)
10. und 11. Juli	Pforzheim
11. und 12. Juli	Ulm/Neu-Ulm
16. und 17. Juli	Region Freiburg
16. und 17. Juli	Regensburg
17. und 18. Juli	Stuttgart
2. Okt.	Heilbronn-Franken

Stand November 2018 – Änderungen vorbehalten